U0498241

本书受2020年度教育部人文社会科学研究青年基金项目西部和边疆地区项目"农业社会化服务体系和互联网融合机制创新研究"（项目批准号：20XJC630012）资助

新时代"三农"问题研究丛书

农业社会化服务体系发展机制创新和路径优化研究

NONGYE SHEHUIHUA FUWU TIXI FAZHAN JIZHI
CHUANGXIN HE LUJING YOUHUA YANJIU

李红平　周广竹　康建功 ○ 著

西南财经大学出版社
Southwestern University of Finance & Economics Press
中国·成都

图书在版编目(CIP)数据

农业社会化服务体系发展机制创新和路径优化研究/李红平,周广竹,康建功
著.—成都:西南财经大学出版社,2021.12
ISBN 978-7-5504-5174-2

Ⅰ.①农… Ⅱ.①李…②周…③康… Ⅲ.①农业社会化服务体系—研究—
中国 Ⅳ.①F326.6

中国版本图书馆 CIP 数据核字(2021)第 241106 号

农业社会化服务体系发展机制创新和路径优化研究
李红平 周广竹 康建功 著

责任编辑:植苗
责任校对:廖韧
封面设计:何东琳设计工作室
责任印制:朱曼丽

出版发行	西南财经大学出版社(四川省成都市光华村街55号)
网 址	http://cbs.swufe.edu.cn
电子邮件	bookcj@swufe.edu.cn
邮政编码	610074
电 话	028-87353785
照 排	四川胜翔数码印务设计有限公司
印 刷	成都市火炬印务有限公司
成品尺寸	170mm×240mm
印 张	12
字 数	277 千字
版 次	2021 年 12 月第 1 版
印 次	2021 年 12 月第 1 次印刷
书 号	ISBN 978-7-5504-5174-2
定 价	75.00 元

1. 版权所有,翻印必究。
2. 如有印刷、装订等差错,可向本社营销部调换。

前　言

　　2021 年 2 月 25 日，习近平总书记在全国脱贫攻坚总结表彰大会上发表重要讲话，即在迎来中国共产党成立一百周年的重要时刻，我国脱贫攻坚战取得了全面胜利，现行标准下 9 899 万农村贫困人口全部脱贫，832 个贫困县全部"摘帽"，12.8 万个贫困村全部出列，区域性整体贫困问题得到解决，完成了消除绝对贫困的艰巨任务，创造了又一个彪炳史册的人间奇迹！这是中国人民的伟大光荣，是中国共产党的伟大光荣，是中华民族的伟大光荣！全面建设社会主义现代化国家，实现中华民族伟大复兴，最艰巨、最繁重的任务依然在农村，最广泛、最深厚的基础依然在农村。解决好发展不平衡不充分问题，重点难点在"三农"，迫切需要补齐农业农村短板弱项，推动城乡协调发展；构建新发展格局，潜力后劲在"三农"，迫切需要扩大农村需求，畅通城乡经济循环；应对国内外各种风险挑战，基础支撑在"三农"，迫切需要稳住农业基本盘，守好"三农"基础。《中共中央 国务院关于全面推进乡村振兴加快农业农村现代化的意见》指出，新发展阶段"三农"工作依然极端重要，须臾不可放松，务必抓紧抓实。我们要坚持把解决好"三农"问题作为全党工作的重中之重，把全面推进乡村振兴作为实现中华民族伟大复兴的一项重大任务，举全党全社会之力加快农业农村现代化，让广大农民过上更加美好的生活。

　　农业农村现代化是广大农民过上更加美好生活的重要途径和基础。农业农村现代化最为核心的就是农业的现代化。农业社会化服务体系是指为满足农业生产与发展需要，政府、市场和社会三方为农民从事农业生产与经营提供各种服务所构成的服务网络与组织系统。从本质上看，发展农业社会化服务体系就是运用组织形式解决生产力发展的问题，是实现农业现代化的基础力量。以家庭承包经营为基础、统分结合的双层经营体制，在一定时期内促进了生产力的发展。但是随着农村改革的深入和市场经济的发展，"统"的功能在不断弱化，"分"的功能却在不断加强，个体农户越来越难以适应市场经济的发展要求，经常因无法抵御市场风险而蒙受损失，也因此加剧了小农户与大市场之间的矛盾，传统的农业发展方式亟须转变。基于我国人多地少、农村人口众多的基本国情，家庭承包责任制是农户生产生活的重要保障，必须长期坚持不能动摇，在此前提下发展现代农业，就必须要建立健全农业社会化服务体系。

本书以全面实施乡村振兴战略为背景，系统探讨农业社会化服务体系，系统梳理了我国农业生产组织框架、现代农业与农业社会化服务、我国农业社会化服务现状和发达国家农业社会化服务体系建设情况，在此基础上构建农业社会化服务体系发展机制和路径。全书共分为十二章，第一章介绍了本书的研究背景、研究思路与方法、理论基础；第二章深刻阐释了全面实施乡村振兴战略对农业发展提出的新要求；第三章梳理了我国农业生产组织的框架；第四章界定了现代农业与农业社会化服务体系；第五章回顾了我国农业社会化服务的现状；第六章分析了我国农业社会化服务体系建设存在的问题；第七章介绍了国外发达国家农业社会化服务体系的建设情况，以期为本书所做研究提供借鉴；第八章从"互联网+农业"智慧管理服务平台的角度提出对策；第九章从"互联网+农业"产前服务的角度提出对策；第十章从"互联网+农业"产中服务的角度提出对策；第十一章从"互联网+农业"产后服务的角度提出对策；第十二章着重论述了我国农业社会化服务体系建设的模式选择。

本书在编写过程中得到了重庆工商大学刘成杰教授、重庆财经学院游宇老师以及重庆工商大学胡钰苓、肖秋、冯婷、苏虹等研究生的大力帮助，在此对他们的辛劳付出表示最诚挚的感谢！同时，本书在编写过程中参考了国内外部分学者的相关出版物和研究资料，在此一并向他们表示衷心的感谢！

本书只是农业社会化服务体系领域探索活动的一小步。面对日益发展的科学技术、日益复杂的社会环境和日益涌现的新理念，农业社会化服务体系这个领域的研究越来越复杂。尽管我们付出了努力，但限于本身的研究水平，对许多问题的探讨及探索还有待进一步深入，某些观点和结论也值得商榷，恳请各位专家、读者给予批评指正，提出宝贵的建议。

作者

2021 年 10 月

目　录

第一章　绪论

第一节　研究的背景

中国共产党第十七届三中全会提出，建设覆盖全程、综合配套、便捷高效的社会化服务体系，是发展现代农业的必然要求。加快构建以公共服务机构为依托、合作经济组织为基础、龙头企业为骨干、其他社会力量为补充，公益性服务和经营性服务相结合、专项服务和综合服务相协调的新型农业社会化服务体系。这是为加快现代农业建设，实现农业全面稳定发展，推动农业经济发展、乡村振兴而做出的正确选择。习近平总书记在党的十九大提出实施乡村振兴战略，指出农业农村农民问题是关系国计民生的根本性问题，必须始终把解决好"三农"问题作为全党工作的重中之重。我们要坚持农业农村优先发展，按照产业兴旺、生态宜居、乡风文明、治理有效、生活富裕的总要求，建立健全城乡融合发展体制机制和政策体系，加快推进农业农村现代化；构建现代农业产业体系、生产体系、经营体系，完善农业支持保护制度，发展多种形式适度规模经营，培育新型农业经营主体，健全农业社会化服务体系，实现小农户和现代农业发展有机衔接。

2018年1月，《中共中央　国务院关于实施乡村振兴战略的意见》进一步强调，没有农业农村的现代化就没有国家的现代化，并指出统筹兼顾培育新型农业经营主体和扶持小农户，采取有针对性的措施，把小农生产引入现代农业发展轨道；培育各类专业化、市场化服务组织，推进农业生产全程社会化服务，帮助小农户节本增效；发展多样化的联合与合作，提升小农户组织化程度；注重发挥新型农业经营主体带动作用，打造区域公用品牌，开展农超对接、农社对接，帮助小农户对接市场；扶持小农户发展生态农业、设施农业、体验农业、定制农业，提高产品档次和附加值，拓展增收空间；改善小农户生产设施条件，提升小农户抗风险能力。

不难看出，农业社会化服务对现代农业和乡村振兴起着至关重要的作用。自从实行家庭联产承包责任制以来，农户生产的积极性高了，温饱问题解决了，但由于农户依然保持传统耕作的方式，达不到现代农业的要求，阻碍了全面乡村振兴。农业社会化服务的功能在于根据经济规律要求在农产品生产、流通、分配和消费领域，对土地、劳动、资本和知识等各种生产要素的投入进行优化服务，改善农业生产经营条件；优质的产前服务保证了农业生产的发展需要，高科技的产中服务保证了农业的高产、优质、稳定发展，发达的产后服务保证了效益的提高①。2020 年是全面建成小康的决胜之年，乡村振兴取得了重要进展。到 2035 年，乡村振兴将取得决定性进展，农业农村现代化也将基本实现。这对农业社会化服务体系的构建提出了更高的要求。无论是从绿色生态可持续发展的农业生产角度出发，还是从农民增收的角度出发，抑或是从理清公共服务机构的职能，弄清龙头企业、农业合作社、村集体如何衔接小农和现代农业的角度出发，构建全面乡村振兴下的农业社会化服务体系发展机制和进行路径探索都尤为迫切。

第二节　研究思路与研究方法

一、研究思路

农业社会化服务体系是在家庭联产承包经营的基础上发展起来的，旨在解决农民生产与经营中的各种问题。其通过将农户无力承担、不擅长、不经济的生产与经营环节分离出来，由专门的社会组织去完成，从而在社会分工范围内实现农业生产专业化，提高农业生产效率，推动农业现代化发展。农业社会化服务体系的本质，就是通过组织要素的重新组合解决生产力发展的问题。基于这一认识，本书主要沿着两条主线进行：一是围绕"体系建设"进行整体性研究，即在分析现行农业社会化服务体系的发展现状与区域差异的基础上，借鉴国外发达国家农业社会化服务体系建设经验，设计出我国现代农业社会化服务体系的整体框架与发展思路；二是围绕"体系的组织结构"进行局部性研究，即把现代农业社会化服务的体系结构分为政府公共机构、市场化龙头企业、农村专业合作组织、科研教育单位和其他社会服务组织五大块，并分别对其进行论述。

---

① 王树红. 农业社会服务体系发展研究 [M]. 北京：中国农业出版社，2000：2.

二、研究方法

（一）文献分析法

文献分析法又称"资料分析法"或"室内研究法"，是利用已有信息和资料对问题进行分析的一种调查方法，是开展研究工作的前提与基础。从目前国内外既有的研究成果来看，对农业社会化服务体系进行系统性研究的成果较少，而对各供给主体的研究较多但内容较为分散。对此，我们充分利用学校图书馆和互联网等资源进行了大量的文献搜索与整理，这些文献对本书具有重要的启发与借鉴意义。

（二）比较分析法

比较分析法是对两个及以上相联系的事物之间的共同性与差异性进行区分的一种思维方法。在世界范围内，任何一个国家的农业生产都有其相应的服务体系，对不同国家所采用的模式进行比较分析，特别是同与我国经济社会发展情况类似的国家相比较，有助于我们学习与借鉴其他国家的成功经验，加深认识与了解，从而促进我国农业服务体系的建设和完善。

（三）系统分析法

系统分析法的原理是把所要解决的问题看作一个系统，重视关联性，强调对系统要素进行综合分析。农业社会化服务体系便是一个由诸多子系统构成的有机体，对各供给主体进行分类研究，不仅有助于我们具体把握各个服务供给主体的特点与角色，更有助于我们全面认识农业社会化服务体系的整体功能与发展方向。

（四）理论分析与政策研究方法相结合

我们利用理论分析与政策研究方法相结合的方式，对农业社会化服务体系相关理论进行深入思考，界定农业社会化服务体系的内涵与特征；构建农业社会化服务水平评价指标体系及农业社会化服务体系发展影响因素体系；建立农业社会化服务体系总体框架。在此基础上，我们提出了农业社会化服务体系的实施机制，以及进一步完善农业社会化服务体系的对策措施。

第三节 研究的理论基础

一、结构功能主义理论

结构功能主义理论是在现代西方社会具有广泛影响的一个理论流派，

20 世纪中期时曾一度在社会学中占据主导地位，至今仍有很大影响，我国著名的社会学家费孝通就秉承着这一思想。这一理论的主要代表人物有奥古斯特·孔德、赫伯特·斯宾塞、埃米尔·杜尔凯姆、马林诺夫斯基、拉德克利夫·布朗和塔尔科特·帕森斯等，其主要观点是认为社会与生物有机体类似，是由相互依存的各个部分构成的有机系统，各组成部分在系统中承担着一定的功能，整体以平衡的状态存在，在受到外部环境压力时，各组成部分会产生分化与调整，从而使整个系统趋于平衡与和谐的状态。孔德认为，社会在结构上与生物有机体极其相似，首先社会的基本单位是家庭，它们是"社会的要素或细胞"；其次社会是由不同的阶级或种族构成，它们是"社会真正的组织"；最后是城市和社区，它们是"社会的器官"（吕佳龄，2005）。斯宾塞继承了这一思想并将其具体化，他认为社会的发展遵循由简单结构到复杂结构、由同质结构到异质结构的发展过程，各部分由于具有不同的功能而相互依存。社会结构体系的主要特征是部分与整体间的分化与合作。此后，埃米尔·杜尔凯姆进一步深化了这一思想，在其 1893 年的博士论文《社会分工论》中，将社会关联形式区分为"机械关联"和"有机关联"两种。其中，"机械关联"是一种建立在同质性基础上的关联，而"有机关联"则是建立在个体分化基础上的关联，两者分别对应于古代社会和现代社会。在杜尔凯姆看来，在"机械关联"主宰的社会中，由于个体间还没有发生分化而互相类似、差异不大；而在"有机关联"主宰的社会中，个体分别承担着不同的功能，彼此各不相同但又不可或缺（雷蒙·阿隆，2003）。随后，现代社会人类学家拉德克利夫·布朗和马林诺夫斯基对杜尔凯姆的思想进行了发展，并将结构功能主义理论用于分析和解释文化现象。20 世纪 50 年代，美国社会学家帕森斯在前人的基础上对结构功能理论进行了创新，提出了著名的"AGIL 功能分析模型"。他将社会系统分为经济、政治、社会化和社区四个子系统，分别对应着四种功能：经济子系统具有适应功能（adaptation）；政治子系统具有目标获取功能（goal attainment）；社会化子系统具有模式维持功能（latency）；社区子系统具有整合功能（integration）。各子系统之间相互依存、相互影响，共同维持系统的运行（候钧生，2001）。随着社会的变迁，各子系统会逐渐发生功能分化，适应能力不断提高，包容性增长，促进价值普遍化，从而维持社会的稳定与和谐。

二、社会经济分析

社会经济分析的早期思想萌芽，主要来源于埃米尔·杜尔凯姆在《社会分工论》（1893）中的相关论述，他指出社会分工的发展促进了社会形态从

"机械团结"向"有机团结"过渡，同时也带来很多社会经济问题。托斯丹·邦德·凡勃伦在《有闲阶级论》（1899）中，通过对有闲阶级炫耀消费行动的分析，强调经济行动分析的非经济意义。马克思在《资本论》中指出，资本主义经济危机之所以周期性地爆发，资本主义的社会经济结构是根本的原因，而生产力和生产关系间的交互作用则促进了资本主义的产生和发展。在此基础上，德国的政治经济学家和社会学家马克斯·韦伯于1904年提出了"社会经济"（socio-economic）一词，他从心理和文化角度对资本主义的起因进行了探讨。在《新教伦理与资本主义精神》（1920）一书中，他认为加尔文教派所宣传的教义与思想促进了资本主义的兴起；在《经济与社会》（1921—1922）一书中，他具体阐述了其社会经济思想。韦伯认为，随着人类社会的不断发展，不同价值的重要性将会被着重强调，旧的研究领域会渐渐地淡出人们的视野，而作为一般文化科学的经济社会学，必将成为一个新的研究领域。后人对其思想进行了不断扩充和发展，并运用韦伯在1916年发表的文章中的"经济社会学"（social-economics）一词来概括他在经济领域方面的研究观点，其含义是指仅从经济学的角度来分析经济现象是不够的，还需要从多个学科角度进行研究，尤其需要从社会学的角度进行分析，即传统的"理性地追求利益的经济人"假设虽然是解释人类各种行动的重要手段，但是其他社会方面的因素如传统、文化、习惯、社会关系、价值理性等也同样重要。这是因为所有的社会科学都有其长处与不足，而个人研究的目的则决定了其研究的角度。若要探究发生在过去的经济现象，我们可从经济历史学的角度出发；若要研究现在或过去的典型性经济行为，我们可从经济社会学着手；若要单纯研究某一特定时期利益驱动下的行为逻辑，我们便会用到经济学理论。韦伯认为，"社会经济分析"的终极目标是解释经验事实，而不是去建构无任何实际内容的抽象范畴。因此，在实际观察分析经济现象或行为的过程中，我们不能仅考虑经济层面的问题，还要考虑经济制度以外的社会因素对经济活动的影响。在韦伯之后，马克·格兰诺维特（Mark·Granovetter）在其1985年发表的《经济行为与社会结构：嵌入性问题》一文中提出了"嵌入性分析方法"，认为人类的经济行为是由其所属的社会结构所决定的，倡导从社会结构角度进行分析。

三、公共选择理论

公共选择理论产生于20世纪40年代末期，主要代表人物有美国著名经济学家詹姆斯·布坎南、戈登·塔洛克、查尔斯·罗利、丹尼斯·C.缪勒等。

公共选择理论认为，人类社会由两个市场组成：一个是经济市场；另一个是政治市场。在经济市场上活动的主体是消费者（需求者）和厂商（供应者），两者之间的交易对象是私人物品；在政治市场上活动的主体是选民、利益集团、政治家和官员，选民和利益集团是政治市场上的需求者，政治家和官员是政治市场上的供应者，它们之间的交易对象是公共物品。如同经济学一样，公共选择的基本行为假定是：人是关心个人利益的，是理性的，并且是效用最大化的追逐者。从公共选择理论来看，政府机构的工作效率大多时候不能令人满意，根源就在于政府服务具有垄断性和公共性，但缺乏竞争性。公共选择理论关注的中心是政府与社会的关系，它主张打破政府的垄断地位，将政府的一些职能释放给社会，建立公私之间的竞争关系，通过外部的政府与市场关系的重组来改革政府。美国公共行政学会前会长马克·霍哲曾对当代行政改革的主线做了这样的评论：我们的社会处在一个关键的交叉路口。公众对政府的生产力低下正在失去耐心。两条变革途径似乎正在交叉：一条是高举民营化大旗，利用民间部门高效率、低成本地提供必需的公共服务；另一条是公共部门提出一系列创新方案，改善对公众的服务并重新获得公众的信任。他提出的公共部门创新方案中，建立伙伴关系是核心要素之一。其所要建立的伙伴关系包括社区伙伴（公民与志愿者）、私营部门伙伴、非营利组织伙伴等（Holzer et al., 1998）

第二章 全面实施乡村振兴战略对现代农业发展提出的新要求

第一节 全面实施乡村振兴战略的提出和具体内容

一、全面实施乡村振兴战略的提出

民族要复兴，乡村必振兴。由于历史欠账太多，再加上多种因素制约，我国城乡发展不平衡不协调的矛盾比较突出，表现在城乡居民收入差距较大、农业基础仍不稳固、农村社会事业发展滞后等。可以说，城乡发展不平衡不协调是现阶段我国经济社会发展中最为突出的结构性问题。其不仅制约农业农村的发展，也制约城镇化水平和质量的提升，是全面建设社会主义现代化国家进程中无法回避的挑战。为破解农村发展困境，党和国家高度重视"三农"问题，在2004—2021年分别发布的围绕"三农"问题的中央一号文件（见表2-1）中，对农村改革和农业发展做出具体部署，推动中国农村发生日新月异的变化[1]。党的十九大报告做出"实施乡村振兴战略"的重大决策部署，提出围绕"产业兴旺、生态宜居、乡风文明、治理有效、生活富裕"二十字实施乡村振兴战略的总要求。这不仅是进入新时代党和国家领导人为广大农民勾画的美好生活蓝图，也是有效应对新时代我国主要矛盾转变的重大举措。

---

[1] 赖柄范. 乡村振兴背景下影响农村产业发展的因素及对策研究 [J]. 农村经济与科技，2019, 30 (1)：15-17.

表 2-1　关于"三农"问题的中央一号文件及相关内容

时间	关于"三农"问题的中央一号文件及相关内容
2004	《中共中央 国务院关于促进农民增加收入若干政策的意见》：聚焦"农民增收"，通过有力举措尽快扭转城乡居民收入差距不断扩大的趋势
2005	《中共中央 国务院关于进一步加强农村工作提高农业综合生产能力若干政策的意见》：聚焦"提高农业综合生产能力"，解决农业投入不足、基础脆弱的问题
2006	《中共中央 国务院关于推进社会主义新农村建设的若干意见》：聚焦"社会主义新农村建设"，落实建设社会主义新农村的重大历史任务
2007	《中共中央 国务院关于积极发展现代农业扎实推进社会主义新农村建设的若干意见》：聚焦"现代农业"，夯实产业基础，确保新农村建设稳步推进
2008	《中共中央 国务院关于切实加强农业基础建设进一步促进农业发展农民增收的若干意见》：聚焦"农业基础建设"，推进社会主义新农村建设
2009	《中共中央 国务院关于2009年促进农业稳定发展农民持续增收的若干意见》：聚焦"农业稳定发展"，防止农民收入滑坡
2010	《中共中央 国务院关于加大统筹城乡发展力度进一步夯实农业农村发展基础的若干意见》：聚焦"统筹城乡发展"，破解"三农"难题，协调推进工业化、城镇化和农业现代化
2011	《中共中央 国务院关于加快水利改革发展的决定》：聚焦"水利改革发展"，加快扭转农业主要"靠天吃饭"的局面
2012	《中共中央 国务院关于加快推进农业科技创新持续增强农产品供给保障能力的若干意见》：聚焦"农业科技创新"，依靠科技进步实现农业增产增收
2013	《中共中央 国务院关于加快发展现代农业进一步增强农村发展活力的若干意见》：再次聚焦"现代农业"，创新农业经营体系，解决城镇化进程中谁来种地、怎么种地等问题
2014	《中共中央 国务院关于全面深化农村改革加快推进农业现代化的若干意见》：聚焦"农村改革"，破除农业农村体制机制弊端，推进四化同步发展
2015	《中共中央 国务院关于加大改革创新力度加快农业现代化建设的若干意见》：再次聚焦"农业现代化"，继续强化农业基础地位、促进农民持续增收
2016	《中共中央 国务院关于落实发展新理念加快农业现代化实现全面小康目标的若干意见》：继续聚焦"农业现代化"，加快补齐农业农村短板

表2-1(续)

时间	关于"三农"问题的中央一号文件及相关内容
2017	《中共中央 国务院关于深入推进农业供给侧结构性改革加快培育农业农村发展新动能的若干意见》:聚焦"农业供给侧结构性改革",从根本上解决当前最突出的农业结构性、体制性矛盾
2018	《中共中央 国务院关于实施乡村振兴战略的意见》:聚焦"实施乡村振兴战略",从农业现代化到供给侧结构性改革,再到乡村全面振兴
2019	《中共中央 国务院关于坚持农业农村优先发展做好"三农"工作的若干意见》:继续聚焦"三农"问题,提出坚持农业农村优先发展,做好"三农"工作
2020	《中共中央 国务院关于抓好"三农"领域重点工作确保如期实现全面小康的意见》:打赢脱贫攻坚战
2021	《中共中央 国务院关于全面推进乡村振兴加快农业农村现代化的意见》:聚焦"乡村振兴",加快推进农业农村现代化

《中共中央 国务院关于实施乡村振兴战略的意见》明确指出,乡村振兴的目标任务分三个时间段完成(见表 2-2):第一阶段是重要进展期(到 2020 年),要求乡村振兴战略制度框架和政策体系基本形成;第二阶段是决定性进展期(2021—2035 年),要求农业农村现代化基本实现;第三阶段是乡村全面振兴期(2036—2050 年),要求农业强、农村美、农民富的目标全面实现。由于限制乡村振兴的贫困问题还未得到妥善解决,乡村振兴战略的实施受到了相当大的制约,使得很长一段时间农村工作的重点是打赢脱贫攻坚战。截至 2014 年年底,中国仍有 7 000 多万农村贫困人口。2015 年 11 月,中共中央政治局审议通过《中共中央 国务院关于打赢脱贫攻坚战的决定》。中共中央总书记、国家主席、中央军委主席习近平强调,消除贫困、改善民生、逐步实现共同富裕,是社会主义的本质要求,是中国共产党的重要使命。2020 年 11 月,贵州宣布最后 9 个深度贫困县退出贫困县序列,这不仅标志着贵州省 66 个贫困县实现整体脱贫,还标志着国务院扶贫办确定的全国 832 个贫困县全部脱贫摘帽,全国脱贫攻坚目标任务已经完成。经过多年的脱贫努力,中国农村居民人均可支配收入有大幅增长,到 2020 年年底,脱贫攻坚任务顺利完成。2021 年 2 月 25 日,全国脱贫攻坚总结表彰大会在北京人民大会堂隆重举行。中共中央总书记、国家主席、中央军委主席习近平向全国脱贫攻坚楷模荣誉称号获得者颁奖并发表重要讲话,并对全国脱贫攻坚先进个人、先进集体进行表彰。与此同时,第一个百年目标决胜全面建成小康社会顺利实现,"十三五"规划圆满完成,全面建设社会主义现代化国家的征程已经开启。2020 年,中国共产

党第十九届五中全会审议通过的《中共中央关于制定国民经济和社会发展第十四个五年规划和二〇三五年远景目标的建议》（以下简称《建议》），标志着我国进入全面实施乡村振兴战略阶段。《建议》提出了"优先发展农村，全面实施乡村振兴，走中国特色社会主义乡村振兴道路"的规划与目标，为此我们需明晰全面实施乡村振兴的重点问题，需要强化以工补农、以城带乡，推动形成工农互促、城乡互补、协调发展、共同繁荣的新型工农城乡关系，加快推进农业农村现代化[①]。习近平总书记在中央农村工作会议上指出脱贫攻坚战取得全面胜利后，还要全面推进乡村振兴，这是"三农"工作重心的历史性转移，也意味着现阶段农业农村的工作重点需要将巩固脱贫攻坚成果和全面实现乡村振兴相衔接。因此可以说，"十四五"期间中国农业农村工作中心是全面实施乡村振兴战略，促进农村全面发展。

表 2-2　乡村振兴目标分解

时间	完成目标
第一阶段（到 2020 年）	乡村振兴战略制度框架和政策体系基本形成
第二阶段（2021—2035 年）	农业农村现代化基本实现
第三阶段（2036—2050 年）	农业强、农村美、农民富的目标全面实现

二、全面实施乡村振兴战略的具体内容

从脱贫攻坚迈向乡村复兴，必须加强顶层设计，以更有力的举措、汇聚更强大的力量来推进。乡村振兴是包括产业振兴、人才振兴、文化振兴、生态振兴、组织振兴的全面振兴，其总要求是产业兴旺、生态宜居、乡风文明、治理有效、生活富裕。全面推进乡村振兴战略落地见效，要加快发展乡村产业，加强社会主义精神文明建设，加强农村生态文明建设，深化农村改革，实施乡村建设行动，推动城乡融合发展见实效，加强和改进乡村治理，切实推动农业全面升级、农村全面进步、农民全面发展。

产业兴旺与生活富裕是全面实施乡村振兴战略的重要目标。虽然脱贫攻坚目标已经顺利实现，但是农村居民人均可支配收入同农村居民人均消费支出相差不大，城乡收入还存在显著差距，脱贫攻坚成果亟待巩固深化，否则可能会发生因病返贫和因病致贫等问题。在"十四五"期间，要以推进农业供给侧

---

① 李建广，王威，邱耀洲. 14 个关键词速读五中全会公报 [J]. 理论导报，2020（10）：10-11，18.

结构性改革为主线，以构建现代农业产业体系、生产体系、经营体系为抓手，促进农村三次产业融合发展，延伸农业产业链、价值链，提高农业综合效率和竞争力。全面实施乡村振兴战略必须重点关注产业兴旺与生活富裕的要求，进一步增加农民收入、夯实农民进行社会活动的经济基础[①]。

生态宜居和治理有效是全面实施乡村振兴战略的重要抓手。关于经济发展和生态环境的辩证关系，习近平总书记提出了"绿水青山就是金山银山"的重要科学论断。一方面，保护生态环境能为产业兴旺提供资源基础，通过合理开发生态资源能为生活富裕提供资源保障，为全面实施乡村振兴提供资源和动力；另一方面，治理有效不仅是乡村振兴实施的要求，还是持续推动全面实施乡村振兴的保障。因此，全面实施乡村振兴，必须要适应生态文明建设要求，因地制宜发展绿色农业，搞好农村人居环境综合整治，尽快改变许多地方农村污水乱排、垃圾乱扔、秸秆乱烧的脏乱差状况，促进农村生产、生活、生态协调发展。通过有效的治理，使得党和国家的各项乡村振兴政策在农村落地开花，充分调动农民、市场以及社会力量参与乡村振兴，提高政策效能、执行效率和参与积极性[②]。

乡风文明是全面实施乡村振兴战略的应有之义。乡风文明是实施乡村振兴的总要求之一，道德和文化属于精神范畴，其具有更深沉和持久的力量，能够凝魂聚气，迸发出强大的精神力量，而乡风是道德和文化的凝练和表达。我国在全面实施乡村振兴过程中必须高度重视乡风建设，通过打造良好社风、民风和乡风为实施乡村振兴提供精神动力，同时乡风建设也是衡量乡村振兴实施的重要指标。因此，全面实施乡村振兴战略，需要大力弘扬社会主义核心价值观，抓好农村移风易俗，坚决反对铺张浪费等陈规陋习，树立文明新风，全面提升农民素质，打造农民的精神家园。

第二节　现代农业的基本内容和主要特征

一、农业现代化的基本内容

传统农业如何转向现代农业进而实现农业现代化，是现代经济发展理论的

---

① 吴海峰. 乡村产业兴旺的基本特征与实现路径研究 [J]. 中州学刊，2018（12）：35-40.
② 温铁军. 生态文明与比较视野下的乡村振兴战略 [J]. 上海大学学报（社会科学版），2018，35（1）：1-10.

一个重要主题。国外农业经济研究多基于对农业内部各个要素的考察。1964 年美国经济学家西奥多·舒尔茨在其《改造传统农业》中提出，要引入现代生产要素提高生产率，促进传统农业转型，从而使农业成为经济增长的源泉。

随着社会的发展和科技的进步，人类的思想观念得到巨大的飞跃，人类对农业现代化的认识越来越深、需求越来越迫切，而在需求不断发展的同时，农业现代化的内涵也不断地改变和深化，其覆盖的内容也越来越全面和丰富。中国早期传统农业发展为了保证国家的粮食增产，不断地增加土地、资本、化肥、农药以及劳动力等生产要素的投入。新中国成立后，我国政府提出了"四个现代化"的重要战略任务，其中就包括农业现代化。农业现代化被概括为农业的机械化、电气化、水利化和化学化。中国共产党第十一届三中全会以来，随着农村经济体制改革的进行和农业生产的发展，我国对于农业现代化的认识也不断地改变和深入。邓小平同志指出农业现代化不只是机器化，还应包括应用及发展科学技术。1984 年在农业现代化经济研究会上，学者们集中讨论了"我国农业的专业化、社会化、商品化""农产品流通过程中的合理化、现代化"等问题。1987 年，江苏省无锡市委农工部在探讨如何促进无锡市农业生产实现农业现代化时认为，农业现代化应该是专业化、商品化、现代化的农业。郑有贵（2000）认为，农业技术进步可以替代资源、减少成本、提高产出和效益。商品化、技术化、产业化、社会化、生态化是农业现代化的标志①。2016 年的《中共中央 国务院关于落实发展新理念加快农业现代化实现全面小康目标的若干意见》提出，要以创新、协调、绿色、开放、共享的发展理念，推进农业现代化。2021 年 2 月 21 日，《中共中央 国务院关于全面推进乡村振兴加快农业农村现代化的意见》指出，加快农业农村现代化，要着力于构建现代乡村产业体系，依托乡村特色优势资源，建设现代农业产业园、农业产业强镇、优势特色产业集群，促进乡村农产品加工业高质量发展。

现代农业是个相对的概念，没有一成不变的标准。随着经济不断发展，现代农业标准也会不断提高，当前中国尤其是沿海发达地区追求的农业现代化目标，是不断优化产业结构和完善生产流通组织制度，持续提高土地生产率、劳动生产率、农产品商品率和经济效益、社会效益、生态效益。总之，现代农业的基本内涵可以表述为：通过科学技术的渗透、工业部门的介入、现代要素的投入、市场机制的引入和服务体系的建立，用现代工业装备农业、用现代科技

---

① 牛若峰. 要全面理解和正确把握农业现代化 [J]. 农业经济问题，1999（10）：13-16.

改造农业、用现代管理方法管理农业、用健全社会服务体系服务农业，使农业在形态上成为具有当今世界先进水平的现代农业①。其基本目标是提高综合生产力，提高农民收入，进而实现农民富裕，缩小工农差距和城乡差距，营造一个良好的生态环境以实现农业的可持续发展。

二、农业现代化的主要特征

农业现代化具有动态性、区域性、世界性、时代性和整体性的基本特点。它是用现代工业装备农业、用现代科学技术改造农业、用现代管理方法管理农业、用现代科学文化知识提高农民素质的过程；是建立高产优质高效农业生产体系，把农业建成具有显著经济效益、社会效益和生态效益的可持续发展的农业的过程；也是大幅度提高农业综合生产能力、不断增加农产品有效供给和农民收入的过程。综合来看，我国进行农业现代化发展的主要特征有以下六点：

第一，农业机械化是农业现代化的基础。西方发达国家农业现代化水平较高的主要原因是西方国家农业机械化、自动化水平较高，我国应当引进先进的农业科学技术，研发先进的农业机械工具，使用先进工具代替农民手工劳动，进一步推动劳动效率的提高。

第二，农业生产技术科学化是农业现代化的动力源泉。农业生产技术科学化，其含义是指把先进的科学技术广泛应用于农业，从而提高产品产量、提升产品质量、降低生产成本、保证食品安全。实现农业现代化的过程，其实就是不断将先进的农业生产技术应用于农业生产过程，不断提高科技对增产贡献率的过程。因此，科学技术是推动农业现代化发展的核心关键，我国需要加大对农业科技研发的扶持力度，为农业科技研发人员提供更好的研发条件和工作条件，同时需要要求研发人员着力研究农民有条件使用的先进科学技术。

第三，农业产业化是农业现代化的重要内容。农业产业化是指农业生产单位或生产地区，根据自然条件和社会经济条件的特点，以市场为导向，以农户为基础，以龙头企业或合作经济组织为依托，以经济效益为中心，以系列化服务为手段，通过实现种养加、产供销、农工商一条龙综合经营，将农业再生产过程的产前、产中、产后诸环节连结为一个完整的产业系统的过程。可以说，农业产业化的发展过程就是农业现代化的建设过程。一方面，农业产业化促进了农业专业化和规模经营的发展；另一方面，农业专业化和规模经营又促进了农业先进技术和设备的推广应用，推动了农业现代化的进程。

---

①　傅晨. 基本实现农业现代化：涵义与标准的理论探讨 [J]. 中国农村经济，2001（12）：4-10.

第四，劳动者素质的提高是实现农业现代化的决定因素。农民的专业水准和基本素质决定了农民对现代化农业科技的接受程度，以及对现代化农业生产管理的理解认知程度。农业现代化必须由高素质的农民这一主体来推进，没有农民自身素质的现代化，要实现农业的现代化是不可能的，因为农业不仅要依靠现代化的工业装备及先进的科学技术，而且还要依靠先进的管理手段在农业上的应用。

第五，农村环境现代化是农业现代化的保障手段。先进的科学技术和先进农业科技工具的使用需要拥有一个良好的环境条件，多数大型农业科技工具需要有充足的道路支持和电力水利支持。中国当代多数农村的道路基础设施并不完善，大多数连接乡村居住区和农民种植区的道路无法支持大型农业科技工具通过，限制了农民使用科技工具来代替手工劳动，从而限制了农业劳动的自动化与机械化发展。因此，这就需要相关部门积极展开对农村道路、水利电力工程的改造，同时利用良好完善的水利电力工程来减少灾害对农民生产的影响。

第六，生态环境可持续发展是农业现代化的必由之路。从可持续发展的观点来看，农业现代化既是人类改造自然和征服自然能力的反映，也是人与自然和谐发展程度的反映。随着资本市场和经济市场的发展进步，人们的生活日益富裕，人们的追求逐渐提高，因此其对生态环境的重视程度也越来越高。在农业现代化发展过程中，一方面要尽可能多地生产满足人类生存、生活需求的必需品，确保食物安全；另一方面要坚持生态良性循环的指导思想，维持一个良好的农业生态环境，不滥用自然资源，兼顾当前利益和长远利益，合理地利用和保护自然环境，实现资源永续利用。

第三节　全面实施乡村振兴战略和农业现代化的关系

一、全面实施乡村振兴战略为农业现代化加快推进提供重要的发展机遇

农为邦本，本固邦宁。"十四五"规划和2021年中央一号文件（见表2-1）明确提出要全面实施乡村振兴战略，加快推进农业农村现代化发展。2021年是"十四五"的开局之年，也是承上启下开启全面建设社会主义现代化国家新征程，向第二个百年奋斗目标进军的第一年。党中央指出，新发展阶段"三农"工作依然非常重要，须臾不可放松，务必抓紧抓实。我们要坚持把解决好"三农"问题作为全党工作的重中之重，把全面推进乡村振兴作为实现中华民族伟大复兴的一项重大任务，举全党全社会之力加快推进农业农村现代

化，让广大农民过上更加美好的生活。全面实施乡村振兴战略是党中央面对国内外风险挑战明显上升的复杂局面，迫切需要统筹发展和安全，夯实稳住农业基本盘，守好"三农"基础这一现实国情所提出的，意味着要进一步加快农业农村现代化发展，明确农业农村现代化发展的方向和理念。在农业现代化发展方面，"强化现代农业科技和物质装备支撑，构建现代乡村产业体系，推进现代农业经济体系建设"等一系列的对新发展阶段全面推进乡村振兴做出的总体要求和各项改革，有利于促进农村三大产业的有效融合，增强农村经济实力，推进农业现代化的可持续发展。

二、农业现代化发展是全面实施乡村振兴战略目标的重要基础和支撑

农业现代化进程直接关系到社会主义现代化目标的进度和成效，是走中国特色社会主义乡村振兴道路的必要发展阶段。自古以来我国都是农业大国，农业作为国家民生的基础，为我国经济发展做出了巨大的贡献。如今的供给侧结构性改革，无疑对农业的发展提出了更高的要求。在新发展阶段，人们日益增长的美好生活需要要求农业产品物美价廉，供给与需求的矛盾使农业现代化改革迫在眉睫。因此，落实加快构建新发展格局要求，巩固和完善农村基本经营制度，深入推进农业供给侧结构性改革，必须要坚定不移贯彻新发展理念，加快推进农业现代化，构建现代乡村产业体系、现代农业生产体系和现代农业经营体系，走产出高效、产品安全、资源节约、环境友好的农业现代化道路；充分发挥农业产品供给、生态屏障、文化传承等作用，加快推进农业农村现代化，加快形成协调发展的新型工农城乡关系，促进农业高质高效、乡村宜居宜业、农民富裕富足，为全面实现乡村振兴战略目标提供强有力的支撑和保障。

三、农业现代化为全面实施乡村振兴战略提供内在动力

农业现代化是乡村现代化的重要基础和动力。从发达国家农业现代化的经验来看，农业现代化的每一次飞跃都会引起乡村发展的现代化变革。实施乡村振兴战略，必须大力推进农业现代化，为乡村振兴提供科技动力、人才动力、产业动力。在农业现代化的进程中，科技动力是全面实施乡村振兴战略的重要驱动力。农业科技创新能够提高劳动生产率和资源利用率，进而推动乡村发展的质量变革、效率变革和动力变革。当前，"智慧5G+农业"以及绿色农业的提出和应用，为新技术、新产业、新业态、新模式在乡村的发展开辟了广阔空间，有力促进了乡村多元发展并加快新动能成长，也让传统农业产业推陈出新，焕发出生机活力，成为乡村振兴的直接推动力。人才在乡村振兴战略中扮

演着重要角色。随着新型工业化城镇化的推进，优质劳动力由乡村流入城市是大势所趋。乡村振兴，人才是关键。农村怎样留住人才？农业现代化是关键。随着农业现代化的不断推进，农业的功能不断拓展、价值不断凸显，农业增值能力和比较效益不断提升。这必将吸引越来越多的人才来到乡村、投身农业，从而打破长期以来人才由乡村向城市单向流动的局面，形成返乡创业、资本下乡的新局面，这不仅解决了就业问题，还反过来作用于农业现代化改革，进而全面实现乡村振兴战略。产业动力是全面实现乡村振兴的核心动力。农业是乡村的基础产业、核心产业。只有农业成为有奔头的产业，乡村才会有活力，农民才会成为有吸引力的职业。没有农业现代化就不可能实现产业兴旺，推进农业现代化是实现乡村产业振兴的必由之路。科技创新扩宽农业农村发展新空间，人才支撑助推农业体制机制改革，不断地优化农业供给结构和资源配置，培育家庭农场、农民合作社等新型经营主体，推动小农户和现代农业发展有机衔接，健全农业产业体系、生产体系、经营体系，提高农业综合生产能力，进而促进农村供给侧结构性改革，解决现实供需之间的矛盾，将会带动乡村产业市场竞争力全面提升，为乡村产业兴旺提供强大基础动力。

简而言之，农业现代化是顺应社会生产力发展的客观要求，全面实现乡村振兴不仅可以推动整体社会的振兴发展，还可以带动生态、文化、教育等各方面的振兴发展。因此，全面实现乡村振兴战略，要求各地政府、企业、个人共同配合、相互促进，在农村发展过程中提供人力、技术、资金和优惠政策多方面的支持。

第三章　我国的农业生产组织框架

第一节　新中国农地产权制度变迁

"三农"问题的关键是农民问题，农民问题的关键是土地问题，土地制度是农村各项制度中的基础性制度。因此，明确新中国农地产权制度变迁的演变逻辑，对其变迁的历史轨迹进行梳理具有重要价值。基于产权演变的视角，结合新中国成立以来的农地政策调整，总的来说，新中国农地产权制度变迁的历史轨迹分为新中国成立初期的"产权合一"、集体化时期的"两权分离"、改革开放以后的"新两权分离"和新时期以来的"三权分置"四个阶段，具体如表 3-1[①]所示。

表 3-1　农地产权制度变迁

土地政策内容	时间
产权合一：农户所有、家庭经营	1949—1955 年
两权分离：集体所有、集体经营	1956—1977 年
新两权分离：集体所有、家庭经营	1978—2012 年
三权分置：集体所有、家庭承包、多元经营	2013 年至今

一、新中国成立初期的"产权合一"阶段（1949—1955 年）

"产权合一"阶段的特点是农户所有、家庭经营。1950 年颁布的《中华人民共和国土地改革法》宣布，着手进行新中国第一次大规模、大范围的土地

---

① 蒋远胜. 改革开放四十年中国农地制度变迁的成就、逻辑与方向［J］. 农村经济，2018（12）：8-11.

改革。土地改革规定废除地主阶级封建剥削的土地所有制，实行农民的土地所有制，并且承认一切土地所有者拥有自由经营、买卖及出租其土地的权利。这就意味着农地产权从地主所有向农户所有转变，农民充分享有占有、使用、收益和处分等权利。尽管在合作化后期产权权利在某种程度上已经开始出现从农户到合作社的分离，但无论是 1953 年的《中国共产党中央委员会关于发展农业生产合作社的决议》，还是 1955 年的《农业生产合作社示范章程》的规定，都是建立在农户自愿的原则上进行的合作化运动。因此，土地产权的归属主体仍然是农户，这一时期农地产权制度是在农户层面上的"产权合一"。

二、集体化时期的"两权分离"阶段（1956—1977 年）

集体化时期的"两权分离"是伴随着短期内农业合作化政策的渐次调整而逐步形成的，其特点是集体所有、集体经营。1956 年公布的《高级农业生产合作社示范章程》和《1956 年到 1967 年全国农业发展纲要》指出，"高级社具有完全社会主义性质，要求按照社会主义的原则，把社员私有的主要生产资料转为合作社集体所有"，很明显，土地等生产资料也在其中，因此农民享有的土地所有权已经发生分离，多项权利从农户转移到了高级社，集体土地所有制渐具雏形。1962 年颁布的《农村人民公社工作条例（修正草案）》宣布建立"三级所有，队为基础"的基本制度，人民公社作为高级社的近似替代，也是生产大队的联合组织，其已经成为土地所有权的主体，生产大队则成为事实上的土地经营权主体，表明农地产权已经从农户所有权转向集体组织所有，这一时期农地产权制度是在集体组织内部层次的"两权分离"。

三、改革开放以来的"新两权分离"阶段（1978—2012 年）

改革开放以来的"新两权分离"的特点是集体所有、家庭承包。1978 年，中国共产党第十一届三中全会的召开标志着我国进入了改革开放的新时代，而家庭联产承包责任制开启了中国农村的改革开放大幕。改革是在"三级所有，队为基础"的集体土地制度下，采取土地包干经营的形式进行的，但在最初并未得到官方认可，在 1979 年通过的《中共中央关于加快农业发展若干问题的决定》中仍明确规定不许分田单干。直至 1983 年颁布的《当前农村经济政策的若干问题》充分明确了农地集体所有、家庭联产承包属于社会主义性质的合作经济，标志着在国家政策层面正式肯定了农地家庭承包经营制。同年，《中共中央 国务院关于实行政社分开建立乡政府的通知》则正式宣告了人民公社体制的结束。1984 年通过的《中共中央关于一九八四年农村工作的通知》

明确指出"土地承包期应在十五年以上"，并首次提出"土地使用权"的概念。1993 年，《中共中央 国务院关于当前农业和农村经济发展若干政策措施》进一步指出，"为稳定土地承包关系，鼓励农民增加收入，提高土地生产率，在原定的耕地承包期到期后，再延长 30 年不变"。2008 年，中国共产党第十七届三中全会承诺"现有土地承包关系要保持稳定并长久不变"。农地家庭承包经营制的改革意味着将集体所有、统一经营使用的土地制度变革为集体所有、家庭联产承包经营使用的土地制度，确立了多元产权格局，所有权和承包权分离。这一时期，经营权从生产队渐次下放到农户，以"所有权属于集体、承包经营权属于农户"为内容的"新两权分离"农地制度正式确立并逐渐完善①。

四、新时期的"三权分置"与流转阶段（2013 年至今）

新时期的"三权分置"与流转的特点是集体所有、家庭承包、多元经营。土地流转的探索先行于农地"三权分置"的制度建构，自农地实行家庭承包初期便已出现。正式体现农地"三权分置"精神的中央文件则出自 2014 年的中央一号文件，即《中共中央、国务院关于全面深化农村改革加快推进农业现代化的若干意见》。该意见指出"坚持农村土地集体所有权，稳定农户承包权，放活经营权"，将经营权从承包经营权中分离出来，首次明确了实行集体所有权、农户承包权和土地经营权的分置取向。同年 11 月，由中共中央办公厅、国务院办公厅印发的《关于引导农村土地经营权有序流转发展农业适度规模经营的意见》指出，实现所有权、承包权、经营权的"三权分置"，引导土地经营权有序流转，标志着我国农地产权制度由"两权分离"演变为"三权分置"，即在集体拥有土地的所有权、农户拥有土地的承包权的基础上，允许经营权自由流转。2018 年中央农村工作会议进一步提出，要完善农民闲置宅基地和闲置农房政策，探索宅基地所有权、资格权、使用权"三权分置"。在这期间还有一个重要改革就是构建农村土地产权交易市场及其配套制度。这一时期不仅正式确立了"三权分置"的农地制度框架，还为未来农地制度的改革、推进新型农业经营主体的培育指明了方向②。

---

① 赵光元，张文兵，张德元. 中国农村基本经营制度的历史与逻辑：从家庭经营制、合作制、人民公社制到统分结合双层经营制的变迁轨迹与转换关联 [J]. 学术界，2011（4）：221-229，289，271.

② 周振，孔祥智. 新中国 70 年农业经营体制的历史变迁与政策启示 [J]. 管理世界，2019，35（10）：24-38.

第二节　新型农业经营主体

一、新型农业经营主体的基本内涵

相对于传统小规模经营农户，新型农业经营主体是适应现代农业发展阶段的、以家庭经营为基础的组织产物，是我国各地在不断寻找和创新农业转型发展途径与形式的实践探索中逐渐形成的，是推进我国农业规模化与组织化进程的主体。新型农业经营主体具体可表述为：具有相对较大的经营规模、较好的物质装备条件和经营管理水平，劳动生产率、资源利用和土地产出率较高，以商品化生产为主要目标的农业经营组织。其主要特征：一是适度规模和专业化生产。新型经营主体经营规模明显高于传统农户家庭经营规模，并且专业从事农业生产，能够实现对自身劳动力资源的充分利用，取得较好的规模经济效益。二是集约化经营。相对于传统小规模家庭经营，新型农业经营主体具有较好的物质装备条件，生产技术水平高，具有现代经营管理意识，能够实现对资源要素的集约利用，劳动生产率、土地产出率和资源利用率都比较高。三是市场化程度高。新型农业经营主体主动按照市场需求安排农业生产活动，绝大部分产品都要进入市场，能够和市场实现有效衔接，商品化率和经济效益明显高于传统农户。加快构建新型农业经营体系，是在坚持家庭经营的基础上解决农业现代化、社会化进程中所面临的农业经营体制机制创新等瓶颈难题的突破口。

二、新型农业经营主体的主要类型

农户家庭经营的不断分化，促进了我国各类新型经营主体的产生和发展。目前，我国一般把新型农业经营主体分为专业大户、家庭农场、农民合作社、农业产业化龙头企业和农业经营性服务组织五类。

（一）专业大户

专业大户也叫"种养大户"，统指那些种植或养殖生产规模明显大于当地传统农户的专业化农户。各地、各行业的专业大户的评定标准差别较大。在现有的专业大户中，有相当一部分仅是经营规模扩大，集约化经营水平并不高，甚至带有粗放经营的特征，不符合新型农业经营主体的标准。

（二）家庭农场

家庭农场通常定义为：农民以家庭成员为主要劳动力，从事农业规模化、集约化、商品化生产经营，并以农业为家庭收入主要来源的新型农业经营主体。具体来讲，家庭农场一般要符合以下七个基本条件：一是家庭农场经营者应具有农村户籍（非城镇居民）；二是以家庭成员为主要劳动力；三是以农业收入为主，农业收入是家庭农场收入的主要来源；四是经营规模达到一定标准并相对稳定；五是家庭农场经营者应接受过农业技能培训；六是家庭农场经营活动有比较完整的财务收支记录；七是对其他农户开展农业生产有示范带动作用。

（三）农民合作社

农民合作社是指农民在家庭承包经营基础上按照自愿联合、民主管理的原则组织起来的一种互助性生产经营组织。其特点是在相对集中的地域内实行分散化劳动和规模化生产、经营方式并存；辅之以标准化、品牌化管理，延伸产业链和政府适度扶持等作为保障，降低监督成本，规范栽培环节流程和优选品种，提高生产品质和专业化水平。农民合作社通过农户间的合作与联合，不仅解决了传统农户家庭经营存在的规模不经济缺陷，还通过技术、资金等合作，提升了农户生产的集约化水平。

（四）农业产业化龙头企业

农业产业化龙头企业是指通过订单合同、合作等方式带动农户进入市场，实行产加销、贸工农一体化的农产品加工或流通企业。和其他新型农业经营主体相比，农业产业化龙头企业具有雄厚的经济实力、先进的生产技术和现代化的经营管理人才，能够与现代化大市场直接对接，是农业发展新阶段中加快农业现代化、社会化，带动区域发展的重要力量。

（五）农业经营性服务组织

农业经营性服务组织是指在产前、产中和产后各环节为农业生产提供专业化、市场化服务的经济组织，包括专业服务公司、专业服务队、农民经纪人等。经营农业服务组织为小规模农户提供农机作业、病虫害防治、技术指导、产品购销、储藏运输等服务，解决了农户一家一户办不了、办不好的事情，降低了农户生产成本，提高了农户的资源要素利用效率。

三、新型农业经营主体的发展现状

随着新型工业化、城镇化进程加快，农村2亿多农户就业和经营状态不断变化，加之国内农产品消费需求持续升级，"未来谁来种地""怎样种好地"的问题日益凸显。在此过程中，包括农民合作社、家庭农场等在内的各类新型农业经营主体服务于农户和农业，尽管其数量和产出占比有限且"大国小农"

仍是我国的基本国情农情，但其在破解谁来种地难题、培育农业农村新动能以及提升小农户生产效率方面，确实发挥着越来越重要的作用。因此，如何做好新型农业经营主体的能力建设以及如何助力其发挥组织、服务和带动作用，对于绘就"十四五"时期农业现代化、社会化发展新画卷意义重大。

2020年3月，农业农村部印发了《新型农业经营主体和服务主体高质量发展规划（2020—2022年）》。近年来，我国新型农业经营主体培育成效初步显现，表现在以下几个方面：第一，带动效果显著。2018年年底，全国有385.1万个建档立卡贫困户加入了农民合作社，各类家庭农场年销售农产品总值达1 946.2亿元，平均每个家庭农场为32.4万元。新型农业经营主体和传统小农户紧密合作，使农业农村快速融入现代化发展道路。第二，整体数量快速增长。截至2018年年底，全国家庭农场达到60万家，其中县级以上示范家庭农场为8.3万家；全国依法登记的农民合作社达到217.3万家，其中县级以上示范社达到18万家；全国从事农业生产托管的社会化服务组织数量达到37万个。各类新型农业经营主体和服务主体快速发展，总量超过300万家，促进了现代农业的规模化与多元化经营，无疑成为推动现代农业发展的重要力量。第三，发展质量不断提升。截至2018年年底，全国家庭农场经营土地面积达1.62亿亩（1亩≈666.67平方米，下同），以综合托管系数计算的农业生产托管面积达到了3.64亿亩，从种养结合到种养一体化，实现了集中连片种植和集约化经营，节约了生产成本，增加了经营效益。第四，智慧农业引领发展，以农民合作社为代表的新型经营主体规范化水平不断提升。全国返乡下乡"双创"人员已达700万人，其中80%以上从事新产业、新业态、新模式和产业融合发展项目，50%以上运用了智慧农业、遥感技术等现代信息手段。新型农业经营主体和服务主体能够根据市场需求组织农产品标准化、品牌化生产，加强质量安全管控，注重产销对接，促进了农业种养结构调整优化，推动了农村三次产业融合发展，促进农业生产效率的提高①。

当前我国新型农业经营主体和服务主体培育虽取得显著成效，但依旧存在发展不平衡不充分、实力不强等问题，面临的诸多短板和制约依然突出，难以满足乡村振兴和农业农村现代化的要求。从自身发展水平来看，基础设施落后、经营规模偏小、集约化水平不高、产业链条不完整、经营理念不够先进等问题依然存在。区域发展不平衡问题比较突出。家庭农场仍处于起步发展阶

---

① 韩长赋：深入贯彻习近平"三农"思想　大力实施乡村振兴战略［J］. 吉林农业，2017（24）：3-6.

段，部分农民合作社运行不够规范，社会化服务组织服务能力不足、服务领域拓展不够。从外部环境来看，各类新型农业经营主体和服务主体融资难、融资贵、风险高等问题仍然突出，财税、金融、用地等扶持政策不够具体，倾斜力度不够，各地农业农村部门指导服务能力亟待提升①。

不过，在部分新型农业经营主体显现出发展成效的背后，这一群体仍面临较为突出的发展瓶颈。依旧存在发展不平衡不充分、实力不强等问题，面临的诸多短板和制约依然突出，难以达到乡村振兴和农业农村现代化的要求。一方面，出于地方政绩和政策投机等因素，已设立但没有实际运作的农民合作社和社会化服务组织仍然存在。以农民合作社为例，根据中国社会科学院农村发展研究所相关课题组 2017 年对全国 8 省 12 县农民合作社所做的调研，"空壳社"现象较为普遍；原国家工商总局的相关课题调查结果也显示，全国"空壳社"的比例至少在 1/3 以上，一些地区甚至在 60% 以上。另一方面，对于有实际运作的主体，其基础设施不完善、经营规模不适当、产业链不完整、经营管理不规范、服务能力不足等问题也依然存在，新型农业经营主体本身的可持续发展问题影响了其对农业产业的引领与带动作用，与之相关的财政、金融和农地使用政策更亟待提升。

第三节　统分结合的双层经营体制及其优化

一、农村双层经营体制的基本内涵

我国农村双层经营体制理论是中国共产党第十一届三中全会后在实践中探索产生的，后成为党和国家的农业、农村发展制度所确立的制度理论。不仅如此，农村双层经营体制还于 1999 年被写入《中华人民共和国宪法》，成为指导我国农业、农村发展的基础制度理论。农村双层经营体制理论是中国特色农业现代化与社会发展理论，属于中国特色社会主义理论范畴。所谓统分结合的双层经营体制，就是指集体经济组织在实行联产承包、生产经营，建立家庭承包经营这个层次的同时，还对一些不适合农户承包经营或农户不愿承包经营的生产项目和经济活动，如某些大型农机具的管理使用，大规模的农田基本建设活动，植保、防疫、制种、配种以及各种产前、产后的农业社会化服务，某些工

————————
①　赵晓峰，赵祥云. 新型农业经营主体社会化服务能力建设与小农经济的发展前景［J］. 农业经济问题，2018（4）：99-107.

副业生产等，由集体统一的经营和统一管理，从而建立起一个统一的经营层次①。由于这种经营体制具有两个不同的经营层次，所以称之为"双层经营体制"，它有以下几点特征：

（一）以土地集体所有制为基础

以家庭承包经营为基础的双层经营体制，其土地的所有制性质是劳动农民集体所有制。这种土地所有关系，在农业社会主义改造运动中产生、发展，并在高级农业合作社和人民公社化运行中确立、形成。推行以家庭联产承包经营为基础的农村双层经营体制，完全保留了土地为劳动农民集体所有的性质，这表明它不仅没有脱离社会主义方向，还使已经建立起来的农村社会主义经济制度得到了自我完善。

（二）以土地"两权"分离为前提

土地使用权从所有权中分离出来，这是产生家庭经营这一基础层次的前提。实践证明，在土地集体所有制的基础上实行家庭分散经营的两权分离，一般优于集体所有、集体统一经营的两权合一。因为两权分离，既充分发挥了家庭个人经营的积极性，又克服了集体高度统一经营的弊端。

（三）以双层经营结构为基本特点

双层经营结构是指集体统一经营的主导层次和家庭分散经营的基础层次；这两个层次有机结合形成双层经营的基本构架。从动态的角度来看，集体统一经营和家庭分散经营的发展、完善并非齐头并进，在不同地区、不同条件下，集体统一经营的层次和家庭分散经营的层次在双层经营结构中的比重并不完全相同。大体有三种情况，即一是统分结合以统为主；二是统分结合以分为主；三是统分结合，集体统一经营与家庭分散经营的比重相当。

（四）以种植业为基本经营内容

由于土地的集体所有制是我国农村经济制度的基本制度，而家庭联产承包责任制的核心内容又是土地经营权的承包，所以双层经营体制的基本经营内容是种植业。土地的均等分散承包经营、种植业生产力水平较低及其自身的特点，使种植业中的集体统一经营与家庭分散经营相结合的双层经营体制具有特殊的意义。

二、农村双层经营体制的实践探索

从实行家庭联产承包，乡镇企业异军突起，取消农业税、牧业税和特产

---

① 李谷成. 高素质农民新概念与农村双层经营体制新内涵 [J]. 理论探索，2021（1）：5-11.

税，到农村承包地"三权"分置、打赢脱贫攻坚战、实施乡村振兴战略，这一系列的改革成就都离不开农村基本经营制度的有力支撑。而双层经营体制变革始于1978年安徽省凤阳县小岗村的"大包干"。1982年、1983年、1984年发布的中央一号文件连续对家庭承包责任制进行肯定，"大包干"由此开启了农业经营体制改革的先河。1991年，中国共产党第十三届八中全会通过了《中共中央关于进一步加强农业和农村工作的决定》，把这一体制正式表述为"统分结合的双层经营体制"，所谓"统"就是坚持土地公有制，农户和集体是承包关系，部分大型机具和水利设施也是公共提供；而"分"是指以家庭承包经营为主。1993年3月，《中华人民共和国宪法》修正案正式把这一体制纳入其中；同年7月第八届全国人民代表大会常务委员会通过《中华人民共和国农业法》，第五条也写到"国家长期稳定农村以家庭承包经营为基础、统分结合的双层经营体制"。随着农村基本经营制度的确立，此后改革的重点一直围绕稳定承包关系来进行，鼓励农民增加投入，提高土地生产效率。2002年出台的《中华人民共和国农村土地承包法》中指出"国家依法保护农村土地承包关系的长期稳定"。2007年出台的《中华人民共和国物权法》把土地承包经营权界定为用益物权，进一步强化了土地承包经营权的法律地位，从财产权方面保障了农村基本经营制度的稳定。2018年7月，新修订的《中华人民共和国农民专业合作社法》，进一步给予农民合作社更多的市场权利，通过法律的形式规范了农民合作社的组织构成，为统一经营的发展带来了新的契机，也为进一步完善农村基本经营制度提供了更多可能。

三、新时期农村双层经营体制的问题

以家庭联产承包责任制为核心的农村双层经营体制为农业发展、农民致富、农村稳定提供了制度保障，极大地促进了农民的生产积极性，提高了农业生产效率，为改革开放的成功奠定了坚实的基础。但不可否认的是，随着中国特色社会主义事业的不断发展，农村基本经营制度又面临新的问题[①]。一是家庭承包制形成的"大国小农"经营格局与现代农业发展的需要不适应。市场经济的发展使得农业市场规模不断扩大，农业市场参与主体实力不断增强，而以家庭为生产单位的普通农户难以适应大市场的要求和节奏，往往无法有效满足市场需求、承担市场风险。二是工业化、城镇化的进程使得大量农业人口转

---

① 扈映.新型农村双层经营体制：主要特征及实现机制［J］.治理研究，2020，36（1）：114-120.

移进入城市，依靠传统农业种植获得收入已经难以满足农民的生活需要，农民耕种土地的积极性明显下降，甚至出现土地撂荒的现象。三是村级集体经济薄弱且极不平衡，多数村级集体经济组织名存实亡。市场经济的冲击使得农村基层治理涣散，村级组织凝聚力不强，农村政治秩序受到挑战，社会治理问题凸显，乡村文化建设停滞。

事实上，这一系列问题的出现并不是偶然的，而是社会经济发展规律的必然结果。农村改革以来，我国农业和农村经济社会发展出现了许多新变化：一是在城镇化、工业化推进过程中，农民进一步分化，有些已完全脱离农业，有些仅从事自给性的农业，仅有部分仍在从事商品性农业。二是传统的农民已细分为户籍上的村民和集体经济组织成员两种不同身份。有些是村民而不一定是社员，有些是社员而不一定是村民。三是农产品供需矛盾发生变化，市场制约成为农业发展矛盾的主要方面。四是市场在农业要素配置中处于决定性地位，市场作用凸显。五是农业逐步融入世界经济一体化之中，世界农产品贸易政策已直接影响到各地的农业发展。这些新的特点，对农业与农村经济社会发展提出了挑战。

习近平总书记对农村双层经营体制问题有着深刻的思考，认为应正确地认识"统"与"分"的辩证观，社会主义制度的优越性在农村经济上的体现，应该是集体优越性与个人积极性的完美结合，只有使两者有机地结合起来，才能使生产力保持旺盛的发展势头，偏废任何一方，都会造成大损失。习近平总书记将发展集体经济的重要性总结为四点：其一，加强集体经济实力是坚持社会主义方向、实现共同富裕的重要保证；其二，发展集体经济实力是振兴贫困地区农业的必由之路；其三，发展集体经济实力是促进农村商品经济发展的推动力；其四，集体经济实力是农村精神文明建设的坚强后盾①。

四、新时期农村双层经营体制的完善

创新农村经营体制机制是解决当前农业与农村经济社会发展中出现的问题的客观要求。经营体制机制创新一定要稳定和完善党的农村基本经营制度，在稳定中创新，在创新中完善。农村双层经营体制理论完善的首要要求就是实现"统"与"分"两个层面的协调发展。从农村双层经营体制的基本内涵出发，"分"指的是农户家庭承包经营的层面，表明了农户家庭是我国农业经营的最

---

① 张杨，程恩富.壮大集体经济要处理好"统""分"关系 [N]. 北京日报，2018-04-23（13）.

基本的主体形式；"统"指的是农户集体经济组织，依托集体经济这一公有制的经济形式，为分户经营的农户提供生产性公共服务。综上所述，从协调"统"与"分"两个层次的发展来说，完善创新经营体制机制的举措有以下两点：

第一，推进建立在"双层经营"体制基础上的家庭农场、专业合作和社会化服务体制发展。"双层经营"体制，在集体和农户之间形成了一种"统分结合、双层经营"，土地家庭承包体制基础上的家庭农场、专业合作和社会化服务体制，在农户与合作社及家庭农场等新型农业经营主体之间再形成一种新的"统分结合、双层经营"农村劳动力有序转移以及推进城镇化进而推进农业农村现代化进程极为有利。党的十九大报告提出，要构建现代农业产业体系、生产体系、经营体系；培育新型农业经营主体，健全农业社会化服务组织，实现小农户和现代农业发展有机衔接。农民合作社的产生是基于弱势群体的自我服务和自我保护，成员通过自己拥有并管理的组织来达到为自我服务的目的。家庭农场作为新兴的农业规模经营主体、升级版的家庭经营，和农民合作社一样是实现小农户与现代农业有机衔接的桥梁和纽带，是农业现代化的必由之路。这种在"双层经营"体制基础上的家庭农场、专业合作和社会化服务体制，有利于克服家庭承包制形成的小规模经营，有利于节约农业成本和提高土地利用率、劳动生产率，有利于农业的标准化生产、品牌化经营，实现农业的产业升级，也有利于政府农业产业政策的落实。因此，我们必须花大力气在家庭承包制的基础上引导、推进家庭农场、专业合作和社会化服务体制的建立。不仅如此，要想发展家庭农场和农民合作社，还应建立在健全社会化服务体系并为其提供服务的基础之上。一是要加强指导，做好规范化建设，逐步形成示范体系。相关部门要做好分类指导，在经市场监管部门登记的基础上积极开展规范化建设，并在规范化建设基础上确定一批示范性的农民合作社、家庭农场和社会化服务组织，在提高数量的同时，逐步提高其发展质量和服务带动能力。二是要加大扶持力度，国家农业发展项目重点向家庭农场、农民合作社倾斜，逐步形成有利于农民合作社、家庭农场发展的良好环境。三是要将农业社会化服务组织纳入财政扶持范围，为以家庭农场、农民合作社为主要代表的新型农业经营主体提供更加优质的服务。经过连续不断的努力，我国在完善农村基本经营制度的基础上逐步建立起农民合作社、家庭农场和农业社会化服务组织健康发展的现代农业经营体制，为全面实现乡村振兴提供更加有力的制度保障。

第二，促进农村新型集体经济的现代化、社会化发展。"统"与"分"两个层面要实现协调发展的基本要求是，不仅要进一步完善家庭承包经营制，还需要重视集体经济组织的发展，发挥集体经济组织在农业生产性服务、公共事务治理等方面的优势。随着改革开放的不断深入，越来越多的农村走向新型集体经济之路。这种集体经济与之前人们理解的集体经济已经有了根本性的变化，是一种以社会主义市场经济为基础，以共同富裕为目的，进行财产联合或劳动联合的经济组织和经营方式。这种新型集体经济与家庭联产承包责任制并行不悖，土地承包经营权的明确为土地大规模流转，从而进行规模经营提供了有利的条件。农村合作社的规范化与制度化，也给农村新型集体经济的发展提供了难得的契机。农村新型集体经济的出现，是农村基本经营制度在中国特色社会主义新时代的新发展。"外圆内方"的发展模式是农村新型集体经济的突出特点。农村新型集体经济必须与市场经济接轨，适应市场竞争，能够在市场环境中存活发展，这就是"外圆"；而"内方"则强调的是农村新型集体经济的社会主义底色，对内要坚持理想信念，走共同富裕的道路。虽然这些农村新型集体经济所处的行业各有区别，但都通过财产联合或劳动联合形成规模经营优势，以集体经济组织作为主体融入市场经济，以市场为导向进行经营决策。而在村庄内部，这些农村新型集体经济则较好地贯彻了按劳分配原则，充分保障村民的基本生活需要，并通过集体收入涵盖农民的一部分基本生活支出，保障村民的公共福利。发展农村新型集体经济，有助于更好地贯彻落实乡村振兴战略的新发展理念。以农村新型集体经济为依托，可以充分整合利用农村的各方面资源，为发展农业、工业、服务业或者融合产业提供便利条件，更好地参与市场竞争，从而实现产业兴旺。农村新型集体经济的发展，一方面可以使参与其中的农民提高收入，另一方面也使大部分农民从土地中解放出来，能够有机会从事其他工作，拓宽了农民收入渠道，使得农民显著增收。农村新型集体经济一般都是在村"两委"领导下进行发展，这使得村"两委"能够充分锻炼组织能力，在农民心中树立威信，并增加村集体收入。因此，村庄的生态、社会治理等方面的工作就容易推动，村集体也有实力开展这方面的工作。富裕的生活水平、宜居的生态环境、完善的社会治理，自然造就优良的乡风民风。我们在调研中发现，许多走农村新型集体经济道路的村庄，已经在朝着全面实现乡村振兴的战略目标大踏步前进。

第四节 现代农业的生产经营组织创新特征

德国农业经营学鼻祖约翰·杜能等认为，农业生产经营组织就是农业的种植制度或土地的利用方式，应该将其归属于农业生产经营技术的范畴。日本学者七户长生认为，农业生产经营组织这个问题的本质不在于种植什么，而在于使用什么和怎样种植。从本质上看，这些讨论仍是对农耕方式的考察。而我国对于这一概念的内涵可以定义为：农业生产经营组织是指在一定的制度制约下，为获得更多的经济利益，从事农业生产活动的各个经营主体通过各种契约关系而聚合在一起的行为。其形式并非农业生产经营方式，而是表明农业生产关系和各种生产要素的微观形式。伴随农业产业化的不断发展，农业和其他产业相互融合，借助工业高新技术成果的应用，加之农业自身生物技术成果的应用和推广，我国农业生产经营方式由传统的小农经济开始逐渐向规模经济转变，各地涌现多种形式的农业经营组织。农业产业及现代农业生产经营活动出现的新的变化，使我国现代农业经营组织的生产运营也具有一些特殊性。

一、生产要素适度规模化：从碎片化经营向适度规模经营转变

随着改革开放以来生产力的大力发展，作为劳动者与生产资料结合方式的生产关系必然发生改变；否则，就会阻碍生产力的发展。目前，处于工业社会阶段的中国如果还固守着农业社会阶段的农业生产方式和经营组织模式，必然阻碍生产力的进一步发展。在全面实现乡村产业振兴战略的背景下，农业现代化必然要求土地等生产要素适度规模化经营，并形成产业集群发展，从而使农产品生产过程内部各环节的专业分工能更加有力地推动专业化发展。而适度规模化要求土地适度集中规模经营。很多农民合作社或家庭农场等经营主体认为"300 亩地是种，1 000 亩地也是种"，结果在经营 300 亩土地时能够赚钱，在经营 500 亩土地时只能勉强维持盈亏平衡，而在经营 1 000 亩土地时却往往蒙受巨额亏损。究其原因，在于规模化经营并不是无限制的规模化，在当前生产资料和劳动力价格普遍上涨的大背景下，盲目扩大经营会由规模经济变为规模不经济，如果遭遇自然灾害则会变得雪上加霜，最终导致全部或者部分退出流转土地。总之，规模经营的"度"是一个动态变化的过程，因为农业生产涉及产业链的各个环节和相关的联动产业，因而"度"的衡量需要突破传统视角的束缚，从农业多功能性维度进行综合考量，最终方能科学合理地确定不同

农村地区的适宜规模①。相较于传统小农户而言，新型农业经营主体充分发挥企业家敏锐发现市场获利机会的能力，敢于冒险和承担风险，才能把经济资源从生产率较低、产量较小的领域转到生产率较高、产量更大的领域，实现各种农业生产要素规模化经营，从而深化农业供给侧结构性改革，建设现代化经济体系，促进小农户和现代农业发展有机衔接，拓宽农民增收渠道，带动普通农户增收。

二、资源配置市场化：从自然经济向商品经济转变

市场化是农业生产方式和组织模式创新的根本动力。一是农业生产的直接目的是实现农产品商品化，为交换而生产。自给自足的自然经济形态主要是为自己消费而生产，而不是为了交换而生产，缺乏推动生产方式、生产技术和生产经营组织模式发生根本转变的动力。只有转变为"为交换而生产"的动机时，市场的竞争压力才会有力地推动农业生产者在产业的选择、品种的选择、生产技术的改良、生产方式和经营组织模式上做出转变，从而推动农业现代化的大力发展。二是农业生产要素配置的市场化。这就要求在农业生产、交换、消费各环节充分发挥市场在资源配置中的决定性作用，在各生产主体、需求主体及其相互之间建立市场化的利益联结机制，才能使各种农业生产经营组织模式具有可持续性。在成熟的农业期货市场中，农场主能凭借期货公司的销售合同，向银行融资提前预付第三方企业的作业服务费用，大大降低现金流量带给农业生产经营者的压力。一般而言，市场化程度越高的地区，农业生产经营组织模式的创新活力越强，蓬勃发展的家庭农场、种养殖大户、专业合作社、农业社会化服务公司和龙头企业的市场竞争力越能得到显著提升，其辐射带动农户发展的能力也越强。

三、品种流程专业化：从多元化经营向专业化经营转变

专业化是农业生产方式和组织模式的核心。农业专业化主要包括生产者的劳动技能专业化、农业品种专业化和技术工艺流程专业化。农民是当前我国农业经营的重要主体，流动性强，且目前的农民产业技能专业化程度低，即便农民回乡创业，也严重缺乏农业生产种养殖品种的专业知识，制约了农业生产效率和生产力的提升。农业种养殖品种的区域专业化能形成清晰的农业产业带和产业集群，更有利于农业基础设施标准化建设，能有效避免同质化竞争；而农

---

① 周广竹. 新型农业经营主体的发展困境与调适策略［J］. 农业经济，2021（5）：17-18.

业生产技能和工艺流程的专业化将播种、除草、杀虫、施肥、收割、物流和销售各环节高度专业化分工，分别外包给专业服务公司流水线作业，能有力地推动生产技术和产品创新，引进先进技术与设备，为机械化和信息化提供更便利的条件。专业化下的现代农业，农民、经营管理者和农业经营主体可以形成股权合作关系、供求关系、雇佣关系，享有农业企业支付的股份红利、工资报酬、社会保障和相对稳定的供需市场等中长期关系契约，增强确定性，使各方利益都有保障。农业专业化离不开大批新型农业经营主体来承担农业生产各环节的组织职能，更离不开大批新型农业经营主体的大力推动。

四、生产技术机械化和信息化：从手工作业向自动化、智能化转变

机械化、自动化、信息化和智能化是农业生产方式及组织模式创新的手段。我国农业生产的机械化水平不高。随着老龄化社会的到来和城市化进程的加快，农业生产劳动力严重短缺，机械替代劳动力是必然趋势。目前存在的问题是山区农业生产的机械化水平难以提升，但小型农耕机的普及有利于山区农业的发展。中西部地区专业化与规模化程度较高的水稻种植和收割，其机械化程度已经达到较高水平，而河南和江苏一带的农民驾驶水稻收割机从祖国的南方到北方按区域季节差异流动作业，既大幅降低了机器闲置率，又确保了工人作业的熟练程度。因此，因地制宜发展产业类型，提高全国整体机械化水平并非难以实现。在信息社会，无论是农业生产的各环节还是市场销售，都亟须大力提高信息化、智能化水平。农产品质量追溯体系建设、农产品电子商务、农资采购、农业企业管理信息系统、农业物联网等的大力发展将有力地降低劳动力成本和时间成本，大幅度提高农业生产效率。尤其是随着机械化、信息化水平的逐步提高，农业生产的自动化与智能化水平必然大幅提升。农产品生产和销售以及农产品市场需求和供给的大数据开发与利用将进一步降低农业生产的市场风险，实现农资、农产品供需精准对接，进一步提高农业生产效率和生产力。

目前，我国正处于农业现代化的发展期，土地规模细碎化与地权分散化严重制约了农业现代化的实现。在家庭经营的基础上实现规模化、专业化、集约化经营，是我国新型农业生产经营组织的发展方向，也是实现农业现代化的必然要求。

第五节 构建现代农业产业组织体系的思考

一、构建现代农业产业组织体系的必要性

加快构建现代农业产业组织体系是实现农业现代化的必然选择。"大国小农"是我国的基本国情，小农户占大多数这个基本面在相当长一段时期内难以根本改变，这意味着小规模分散、粗放经营的传统农业经营方式难以为继，迫切需要加快建立与现代农业发展相适应的新型生产经营组织方式。基于我国国情，对于可以实现土地规模化的地区，相关部门要通过培育新型农业经营主体，推进土地适度规模经营和技术装备现代化，实现农业生产过程的现代化，以此推动农业现代化。对于不具备土地规模化条件的地区，在小农户土地不集中、经营权不流转的情况下，相关部门要通过发展社会化服务，将先进适用的品种、技术、装备、组织形式和人才资金等现代生产要素有效导入农业，推进农业生产过程的现代化，以服务的规模化、社会化最终实现农业现代化。加快构建"小农户+新型农业经营主体+社会化服务"的现代农业产业组织体系，已成为我国实现农业现代化的必然选择。

加快构建现代农业产业组织体系是农业市场化的基本要求。以家庭经营为主的农业具有完全竞争市场的特性，主要表现为：农业生产者和农产品消费者数量众多；每个生产者生产的农产品几乎同质；面对巨大的市场需求，单个生产者生产的产品数量微不足道，因此农产品价格由整个市场的供需关系决定；单个生产者只能是价格的被动接受者，而不能对价格产生任何影响。农业的上述市场特征不仅使农业处于不利的市场竞争地位，还有碍于农民收益的增加和农业科技的进步。而保障农民持续增收特别是巩固脱贫攻坚成果、加快农民增收步伐，是农业农村工作面临的长期而艰巨的任务。面对市场变化，我们迫切需要加快构建现代农业产业组织体系，依托新型农业经营主体，发展多种形式的适度规模经营；通过吸引土地等资源入股，发挥规模效应，从而实现农业生产经营组织化[①]。

加快构建现代农业产业组织体系，是助推农业高质量发展的重要举措。当前，我国经济已由高速增长阶段转向高质量发展阶段。我国农业的主要矛盾已经由总量不足转变为结构性矛盾，优质特色品牌产品供给不足，质量效益和竞

---

① 张天佐. 加快构建现代农业产业组织体系的思考 [J]. 农村工作通讯，2021 (1)：31-33.

争力不高的问题日益突出。要破解这些瓶颈问题，就迫切需要加快构建现代农业产业组织体系，发挥新型农业经营主体的带头作用，根据消费日益升级的趋势，及时调整优化品种结构、产品结构和品质结构，大力发展绿色、有机、循环农业，不断满足人民群众个性化、多样化、品质化的消费需求，推动农业从增产导向转向提质导向，实现产业兴旺和农业高质量发展。

二、构建现代农业产业组织体系的主要方向

我们要坚持农村基本经营制度和家庭经营主体地位，以家庭农场为基础，以农民合作社为中坚，以农业产业化龙头企业为骨干，以专业化、社会化服务组织为支撑，促进各类新型农业经营主体高质量发展，加快构建多元化、多形式、多层次的现代农业产业组织体系。

在立足小农户发展方面。我国的国情和农情决定了家庭经营在任何时候都是农业生产最基本的经营形式。新型农业经营主体大多脱胎于小农户，小农户是新型农业经营主体扩大经营规模的源泉。未来很长一段时间，小农户与新型农业经营主体将共生共存，要统筹兼顾培育新型农业经营主体和扶持小农户发展。一方面，我们要充分发挥新型农业经营主体对小农户的扶持带动作用，建立健全利益联结机制，服务小农户、提高小农户、富裕小农户，引领更多小农户进入现代农业发展轨道；另一方面，我们也要引导小农户加强与新型农业经营主体的对接，学习新理念、掌握新技术、应用新模式，主动适应现代农业发展要求，尽快融入现代农业产业体系①。

在坚持市场化发展方面。我们要发挥好市场在资源配置中的决定性作用，把是否具备市场自立性作为检验新型农业经营主体发展质量的重要标准，运用市场的办法促进各类生产要素向新型农业经营主体流动。一方面，我们要引导新型农业经营主体按照市场机制选择适宜的经营方式和组织形式，开展有序竞争，提升市场竞争力，并根据市场变化适时调整生产经营活动，不断满足人们日益多样化的消费需求；另一方面，我们要加强政府指导、扶持和服务，通过完善政策法规、放宽市场准入等措施，赋予新型农业经营主体平等的市场主体地位，创造公平的市场环境。

在鼓励融合化发展方面。我们要引导各类经营主体加强联合与合作，建立紧密的利益联结和组织机制，推动多元主体功能互补、融合发展。一方面，我们要引导各类经营主体开展横向联合合作，采用"龙头企业＋合作社＋农户"

---

① 尚旭东，崔小年. 构建现代农业经营体系的组织创新实践：川省观察 [J]. 农业部管理干部学院学报，2017（4）：35-39.

"合作社+家庭农场+服务主体"等多种组织形式，提高农业生产经营的组织化程度①；另一方面，我们要引导新型农业经营主体围绕同一产业开展纵向联合合作，组建区域性的家庭农场联盟、合作社、联合社、农业产业化联合体等，形成"风险共担、利益共享、合作共赢"的紧密联结关系，推动产业链延伸和价值链提升，增强农业整体竞争力。只有将生产要素、新型农业经营主体和完善的现代农业体制机制相结合，才能促进农业的现代化、社会化发展，全面实现乡村振兴。

---

① 王丰阁. 新型农业经营组织形式优化农业生产链 [N]. 贵州日报，2019-06-26（10）.

第四章 现代农业与农业社会化服务

第一节 农业社会化服务是现代农业的重要标志

农业是国民经济基础，解决十四亿人口的吃饭、穿衣问题始终是我国的头等大事。国民经济的稳定、协调、健康发展离不开农业生产的稳步发展。在我国加入世界贸易组织（World Trade Organization，WTO）和西部大开发的新形势下，要实现国民生产总值持续翻番，离不开农业现代化。而现代化农业生产又离不开现代化农业科技和全方位完善的农业社会化服务，而农业社会化服务体系是推广和传播先进农业科技的桥梁。只有认识到农业社会化服务体系在农业生产中的重要地位和显著作用，加强其建设，充分发挥其服务优势，才能实现农业现代化，才能使我国的农业乃至国民经济可持续发展。农业社会化服务体系是伴随农业生产力的发展与农业市场化程度的提高而衍生和发育起来的，其服务能力和服务水平成为衡量一个国家农业现代化程度的重要标志①。

农业社会化服务体系的建立是一项全面而复杂的系统工程。农业生产的特点是周期长、效益低和风险高。农业的发展一靠政策，二靠科技，三靠投入②。农业的发展和劳动生产力的提高，一靠人的素质，二靠先进的生产技术和劳动工具（农业机械），三靠生物工程技术。实现农业现代化的核心是实现农业科技化，而农业社会化服务体系是把科技成果转化为生产力的中间环节和重要手段。

---

① 马晨，李瑾.“互联网+”时代我国现代农业服务业的新内涵、新特征及动力机制研究 [J]. 科技管理研究，2018，38（2）：196-202.
② 年虎. 试论新形势下农业社会化技术服务体系在现代化农业生产中的地位和作用 [J]. 甘肃农业，2005（12）：71-72.

一、农业社会化服务体系是农业现代化的重要组成部分

现代化农业就是把农业置于现代化科学技术的基础上，实现农业的生物工程技术科学化、生产劳动手段机械化和生产经营管理化。而农业社会化服务体系的根本任务是把农业科技成果转化为生产力，在物化劳动中进行再生产、再创造、再增值。因此，农业社会化服务体系也属于技术开发范畴。农业现代化的实现，现代化农业的生产和经营，农业科技化和机械化的实现，农业社会化服务体系是关键，它是农业新技术、新机械转化为生产力的桥梁和纽带，是农业现代化的重要组成部分。

目前，我们正处在西部大开发、加入 WTO 和事业单位改制的新形势下，新的形势使我们既有机遇又面临挑战。特别是农业和不能直接产生经济效益的农业社会化服务单位，经受的打击是巨大的。近年来，我国农业社会化服务体系建设在党中央、国务院三令五申的指示下，虽然有了很大的发展，但是农业社会化服务体系的服务水平还很低，服务体系还不健全，服务效能还没有充分发挥出来，各级党政部门对它的重视程度还不够，对农业技术知识普及、宣传、培训、推广还不够深入，农业生产中应用农业新技术、新知识生产作业的能力还较差，西部有些地区还处在原始的耕作方式阶段。因此，在西部大开发中，我们越发需要加强科技知识的推广和运用。科技含量的高低是现代农业竞争成败的关键，科学技术是第一生产力。只有将农业科技成果尽快转化为生产力，才能提高抗风险能力、提高竞争能力和加快农业现代化的步伐。农业社会化服务体系则是把农业科技成果转化为生产力的关键和中间环节。因此，我们在新形势下更应该加强和重视农业社会化服务体系建设。

二、农业社会化服务体系建设是实现农业现代化的基础

目前，我国农业科技转化率只有30%，而发达国家一般是70%～80%，我国科技成果的推广面也相当狭小，许多科技成果因未能得到推广应用而不能发挥其巨大的经济效益和社会效益。农业社会化服务体系是农业现代化的重要组成部分，它的作用是促进生产力发展，提高劳动生产力和土地产出，用现代化的"种地方式"帮助农户增产增收。1976 年美国独立时，其农业人口占95%，由于人少地多，他们不得不依靠先进的农业科技实现生产手段机械化。18 世纪末，每个农业劳动力的产品只能养活 5 个人，但是到了 1998 年就可以养活89 个人。法国农业人口占其总人口的6%，但由于政府重视农业社会化服务体系的建设以及农业科技的推广，扩大了农场规模，实现了集约化生产和经营，

粮食自给率由 1947 年的 87.8% 上升到现在的 140%，是欧盟粮食、奶油、葡萄酒等农业产品的主要出口国，仅次于美国，居世界第二位。日本是一个人多地少、农业高度精耕细作的国家，人均耕地面积不到 0.3 亩，但在 20 世纪 50 年代初期尤其重视农业社会化服务体系的建设，服务农户，90% 的农民都掌握了现代化农业生产技术，每户年均纯收入达 6.78 万元，超过工业工人的收入。所以说要实现农业现代化，就必须加强农业社会化技术服务体系的建设，因为农业社会化技术服务体系的建设是实现农业现代化生产的基础。

三、农业社会化服务体系的深化是实现现代化农业的基本保证

农业社会化技术服务体系不仅引进了实验、示范了新的农业技术和机具，还把农业科技成果和农业生产紧密地结合起来普及、推广，深入千家万户，做好产前、产中、产后的一条龙配套服务。同时，该体系还促进了中低产田的改进和巩固了高产田的稳步增产，不断提高粮食生产，通过大力推广农业新技术，依靠农业科技实现农业现代化。我国西部地区还存在农民文盲比例还较高、文化素质还偏低、科技意识还较差、信息使用能力还不足等问题，这就需要农业社会化服务人员大力宣传、就近示范、跟踪服务，把技术真正传授给农民，使农业现代化的生产经营建立在可靠坚实的基础之上，农业现代化的实现才能大有希望。

第二节　现代农业对农业社会化服务的要求

一、农业社会化服务组织发展中的问题

（一）公益性服务机构引领支撑作用较弱

一是随着现代农业发展，我国对农业方面各类人才的需求越来越强烈，但基层农技推广机构多年不进人，运行机制僵化，公益性职能定位不清，推广队伍学历低、技能低、职称低而年龄高的"三低一高"现象突出，远不能适应农民现实需求[1]。二是基层农技推广机构长期处于被动工作状态，上级机关下达任务，下面就敷衍了事地完成，没有结合当地情况积极主动思考如何因地制宜地为农户服务。三是基层农业技术推广机构的工作人员不太清楚农户的真实

---

[1]　杨自健，马红涛，杨自刚. 宁夏金银滩镇现代农业社会化服务体系建设试点成效 [J]. 农业工程技术，2018，38（35）：1-2.

需求是什么，不能分层分类提供服务。

（二）经营性服务组织实力弱，服务供给不足

一是服务供给不足的矛盾突出，不少组织的服务对象只针对规模化经营主体，而对千家万户的小农户无法顾及，交易成本高导致服务对象普遍针对"大户"，大大限制了这些组织的辐射带动作用。二是多数组织和农户之间还没有形成一种利益共享、风险共担的合作机制。农户始终处于弱势，一旦这些组织经营不善，农户就只能跟着遭殃。

（三）服务内容与经营主体需求之间仍有差距

一是由于多元化经营主体间的生产规模、水平、农事活动内容皆不相同，且不断地变化发展，现有服务难以满足这些发展的新要求。二是服务内容侧重于农机服务、农资供应、病虫害防治等产前、产中服务，而现代农业急需的农产品保鲜、储藏、加工、营销、物流及金融、保险、信息等产后服务缺乏①。

（四）农业社会化服务体系发展环境堪忧

目前，农户对市场化服务的心理承受价位较低，农业社会化服务组织起步发展较为艰辛，但针对农业社会化服务的扶持政策不多，专项资金项目较少。设施用地、仓储、晒场、烘干设备难解决，一直是各类组织普遍反映的问题。其中以农机组织反映的机耕路差、维修网点少、机械无处存放问题最为集中典型。农村金融保险发展滞后，农业贷款门槛高、手续烦琐、审批期长、隐性费用高。农业保险理赔环节多，核灾不及时，投入成本高，覆盖范围窄②。

（五）政府购买服务形式少、覆盖面窄

政府购买服务是促进农业社会化服务可持续发展的重要举措，是值得探索实践的全新课题，基层反映：一是由于项目资金限制，确定的服务主体偏少，有的项目下达时间滞后，往往耽误了农时；二是服务覆盖面窄，购买服务数量少，根本满足不了农户的需求；三是承接的服务主体积极性不高，政府的补助资金主要补助给农户，而对服务主体的补助偏少，难以调动其积极性。

二、现代农业需要建立一个较为完善的农业社会化服务体系

首先，农业社会化服务体系应由不同层次、不同经济成分、不同业务性质的众多独立经营主体或单位构成。其次，构成农业社会化服务体系各经营主体或单位的共同性的任务是提供市场信息、金融信贷、生产资料、生产技术以及

---

① 侯向阳. 尊重市场经济规律 改革农业支持政策 [J]. 农业部管理干部学院学报，2018（1）：89-93.

② 谢培秀. 新常态下我国转变农业发展方式的思考 [J]. 中州学刊，2016（1）：36-42.

农产品的收购、储运、加工和销售。再次，各经营主体或单位以章程、合同或协议等形式与服务对象联结在一起，从而形成一个产业集群；该产业集群潜力较大、市场广阔，是第三产业的重要组成部分，将形成一个新的增长点。最后，完善的农业社会化服务体系可吸纳较多的剩余劳动力，为农村第二、第三产业转移提供条件，反过来又促进城市服务业的发展。

三、促进农业社会化服务发展的政策建议

（一）加强公益性服务体系建设

相关部门要创新为农服务机制，完善科研、教学和推广机构联合机制，提升产学研服务水平；设置农技推广岗位，鼓励高校、科研人员从事农技推广事业，实现院校专家与基层农技力量有机结合、科研课题与农业生产问题全面接轨、技术服务与农民需求有效对接，继续实施基层农技推广体系改革与建设，全面推行农技员包村联户制度，加强监督考核，建立补助经费与服务绩效挂钩制度①；深入探索农技人才编制储备机制，鼓励农业院校毕业生从事农技推广工作。

（二）培育综合高效的经营性服务组织

相关部门要整合农村服务资源，加快发展实行要素利益联结的现代产业联合体，鼓励各类组织、企业和个人利用自身资本与技术优势，成立农业专业服务公司，为农业生产经营提供全程服务；搭建农业社会化服务平台，促进农业社会化服务供需对接；引导各类服务组织与经营主体形成稳定的利益联结机制；出台农业社会化服务体系考评办法，细化考评标准；积极开展农业社会化服务示范组织活动，规范提升一批有规模、有品牌、有竞争力的农业社会化服务组织。

（三）不断开拓农业社会化服务新型领域

相关部门要鼓励农业社会化服务组织发展农资供应、农产品加工、仓储、冷链、物流、生态循环农业等农业生产性服务业，不断开拓市场预测、信息传递、土地流转服务、农产品开发推介、人才咨询管理等新型领域；支持农村供销社发展农资、农产品流通业，使之成为农业社会化服务的重要力量；大力支持工商资本、社会资本进入种子种苗、农业信息、农产品流通等服务；在粮食主产区，鼓励并扶持新建一批集粮食收贮、烘干、加工于一体的新型农业社

---

① 王朗玲. 加快转变农业发展方式的对策研究：以黑龙江省为例［J］. 知与行，2016（2）：102-106.

化服务企业，有效解决种植大户等因晒场、仓储能力不足而造成的粮食霉变和劳动力成本过高的问题。

（四）优化农业社会化服务体系发展的政策环境

相关部门一是要从农机购置补贴中切块，用于服务体系购买使用时间短、效益不高的机械设备，如对谷物烘干、工厂化育秧、秸秆处理等进行补贴。二是要设立农业社会化服务专项资金，支持企业参与农田基础设施建设，建立农业信息服务平台。三是对服务组织的设施用地、晒场、仓储用地等给予政策倾斜；出台金融支持农业社会化服务政策，开展林权抵押贷款、农机具抵押贷款、农产品订单和农业补贴等权益质押贷款，探索农村土地承包经营权抵押、担保贷款；开展多种形式的农业保险和互助合作保险，扩大保险覆盖面。

（五）政府购买服务要向农业社会化服务组织倾斜

相关部门要培育农业社会化服务组织作为公益性社会化服务的重要载体，创新服务手段和方式；对一些可量化、可监管的公益性服务，应鼓励农业社会化服务组织参与竞争或招投标；根据公益性服务的不同特点和具体要求，积极探索多角度、多领域、多范围的公益性服务实现形式，以政府定购、定向委托、奖励补助等方式，为农业社会化服务组织参与公益服务提供有效路径。

第三节　农业社会化服务的内涵

一、农业社会化服务体系概念的提出

1983 年，个别地方成立了"农业服务公司"，媒体上首次使用了"专业化服务"的概念。1984 年的中央一号文件《中共中央关于一九八四年农村工作的通知》指出，要加强社会服务，促进农村商品生产的发展。1986 年的中央一号文件《中共中央 国务院关于一九八六年农村工作的部署》指出，农村商品生产的发展，要求生产服务社会化。因此，完善合作制要从服务入手。我国农村商品经济和生产力的发展，在地区之间、产业之间是参差不齐的，农民对服务的要求也是各式各样的，不同内容、不同形式、不同规模、不同程度的合作和联合将同时并存。2008 年 10 月 9 日，中国共产党第十七届三中全会通过的《中共中央关于推进农村改革发展若干重大问题的决定》明确提出，要力争三年内在全国普遍健全乡镇或区域性农技推广等公共服务机构，逐步建立村级服务点。此后，"农业社会化服务体系"这一概念被普遍使用开来。

二、农业社会化服务的含义

农业社会化服务是指与农业相关的社会经济组织，为满足农业生产的需要，为农业生产的经营主体提供的各种服务，它属于第三产业范畴。具体来说，农业社会化服务及其体系可定义为：随着农业生产力和商品经济的发展及其规模的不断扩大，直接从事农业生产的劳动者却越来越少，于是有越来越多的人专门从事为农业生产的劳动者提供所必需的生产资料（产前），农产品收购、储存、加工和销售（产后）以及生产过程中各种生产性（产中）的服务，并且利用合同或协议的形式把各个农业社会化服务的企业或个人彼此连接成为一个体系。

农业社会化服务是伴随农业生产由分散的、孤立的、自给自足的小生产方式转变成分工细密、协作广泛的商品化社会而产生的，是农业产业化发展和统筹城乡一体化发展的客观要求。农业社会化是指农业由孤立的、封闭的生产方式，转变为分工细密、协作广泛、开放型的生产方式的过程。农业社会化是传统农业向现代农业转化的重要标志之一。农业社会化服务体系是为农业生产提供社会化服务的成套的组织机构和方法制度的总称。它是运用社会各方面的力量，使经营规模相对较小的农业生产单位，适应市场经济体制的要求，克服自身规模较小的弊端，获得大规模生产效益的一种社会化的农业经济组织形式①。

根据现代农业发展要求，农业社会化服务主要包括为农业生产产前、产中和产后提供全程服务的各类服务，即技术指导、农机服务、市场及信息服务、政策法规咨询、金融服务、统防统治、作物收割采摘、储藏加工和农产品质量安全服务等不同的服务内容。不同的农业产业需要的农业社会化服务有所不同。就种植业而言，其农业社会化服务项目包括：购买生产资料、农田作业、农机修理、运输以及农产品包装、储存、加工等服务。与传统农业的生产方式相比，农业社会化有以下主要特征：第一，农业社会化是建立在社会分工深化的基础上的；第二，农业社会化是建立在广泛社会协作的基础上的；第三，农业社会化是建立在农业系统对外开放的基础上的。

2017 年，原农业部、国家发展和改革委员会、财政部联合印发的《农业部 国家发展改革委 财政部关于加快发展农业生产性服务业的指导意见》指

---

① 杨常伟，王奕. 建设高校复合型协同创新农业科技服务体系研究 [J]. 科技管理研究，2016，36（22）：7-11，33.

出，农业生产性服务是指贯穿农业生产作业链条，直接完成或协助完成农业产前、产中、产后各环节作业的社会化服务①。加快发展农业生产性服务业，对于培育农业农村经济新业态，构建现代农业产业体系、生产体系、经营体系具有重要意义。农业社会化是现代农业的重要特征，它在现代农业发展中的主要作用有以下四个：一是农业社会化能充分发挥协作的优势，提升现代农业的总体功能；二是农业社会化促进农业生产专业化的发展；三是农业社会化有利于在农业中推广现代科学技术和运用现代农业物质装备；四是农业社会化促使农民成为现代新型农民。

三、农业社会化服务与农业产业化

20 世纪 90 年代初，随着山东诸城等地贸工农一体化经营和农业产业化的成功经验的介绍与推广，全国各地掀起了农业产业化的浪潮，这无疑是一次意义深远的"农业产业革命"，它势必大大地促进农业生产力的发展。学术界也广泛地介绍国外农业产业化的经验与模式，并根据各地的实践情况，总结出了适合各地的农业产业化发展的组织模式和措施。那么，农业社会化服务体系与农业产业化究竟是什么关系呢？正确认识和分析两者的关系，有助于我们在农业产业化的进程中更加重视建立和完善农业社会化服务体系，同时也有利于我们进一步加深对农业服务产业化的认识。

（一）两者的内涵所涉及的空间范围几乎重合

农业社会化服务体系是在商业性农业高度发达的基础上围绕着农业生产部门形成的一种现代农业分工体系，它强调构成该体系的各涉农部门之间通过市场纽带确立稳定可靠的相互依赖关系。农业产业化是在高度社会分工与专业化基础上，农业的产前、产后部门通过经济上、组织上的直接结合，或通过相对稳定的业务关系（如合同制），所形成的一种经营形式或经营体制，它具有生产专业化、布局区域化、经营一体化、服务社会化、管理企业化等特征。

（二）农业社会化服务体系是推行农业产业化的关键因素

农业社会化服务体系是推行农业产业化的关键因素，其具体表现为：一体化农业实行专业化生产，各个专业生产部门在整个生产过程中形成了有序的产业链，并形成互动的关系，而服务体系则是产业链中的"链栓"；在一体化农业增加的价值构成中，服务体系占绝对比重。在该系统的就业结构中，服务体系也占绝大部分。另外，服务体系愈是充分发展，农用物资系统、直接生产系

---

① 冀名峰. 加快发展农业生产性服务业的若干问题 [J]. 中国乡村发现，2019 (1)：58-64.

统、农产品加工系统就愈能形成持久稳定的关系。

（三）农业社会化服务尤其是产后服务在农业再生产过程中发挥着协调与组织的作用

农业生产商品率愈高，市场问题也就愈突出，也就愈需要为农服务实体担当协调与组织的角色。农业服务实体对农业原始产品而言，本身就是一个大市场；介于农户与消费市场之间，它们又是联系的纽带，不断向农户传导市场信息与走势；产后企业的加工不仅有利于开拓新市场，还能在生产者与消费者之间发挥"蓄水池"的作用，克服农产品生产的季节性弱点；产后服务有利于农产品在市场上出售，从而保证农业再生产的继续。

四、农业社会化服务体系现状

世界各国的农业中，以家庭为单位的农业生产经营在世界大多数国家普遍存在。即使在非常发达的美国，家庭农场占到整个农场总数的90%。对农业生产来说，家庭经营在很多方面是有它独特的适应性的，但它自身也有很多的不足。现在的农业生产过程越来越专业化，生产的分工越来越细，生产的每一个环节都需要相当高的技术水平，生产设备也越来越专门化，产品的销售市场越来越大，市场对产品的要求也越来越高①。这样一来，就会不可避免地出现一些各种各样的困难，如家庭经营在资料储备、生产各环节对信息的收集整理以及市场的销售判断上都存在问题。所以各个国家开始陆续发展农业的社会化服务体系，就是为了解决问题并且把家庭农场的小规模的生产连接起来，形成社会化大生产，把家庭小范围的经营和整个社会的大市场联系起来，推动农业及整个社会经济的发展。

随着农业现代化和商品经济不断向高度化和商品化发展，不仅农业家庭经营离不开农业社会化服务，一些规模较大的私人公司和农场，它们的经营和发展也越来越依赖农业社会化服务体系。从目前来看，在美国、日本、欧洲等一些发达国家已经基本形成比较完善的产前、产中和产后的农业社会化服务体系，可以向农业生产者提供农业机械、化肥、农药、饲料等农业生产资料供给服务及农业信贷、保险服务②。

在很多国家，从事农业社会化服务的劳动人数已经超过直接从事农业生产

---

① 徐崇志，李青. 国外农业信息技术发展趋势与我国农业信息技术发展途径探讨 [J]. 塔里木农垦大学学报，2003（2）：42-45.

② 郭玮. 国外农业社会化服务体系的发展与启示 [J]. 经济研究参考，1992（Z5）：874-889.

的劳动人数，农业生产服务创造的价值远远超过直接生产过程创造的价值。在美国，非农经济领域创造的价值在食品价值中所占的比重接近90%，平均每个从事农场生产的农民就有2个人在为其提供农用生产资料服务，有7个人在为其提供农产品的加工销售服务，仅产前、产后两个环节提供农业社会化服务的人数就相当于产中环节劳动者人数的9倍。正是这种健全的农业社会化服务体系的建立，大大提高了农业部门的生产技术水平和生产能力。

美国大规模的农场平时只有1~2个人，但农场平均规模达190公顷（1公顷=10 000平方米，下同）以上。占美国全国劳动力总数的2%的农业劳动者不仅生产了全国人口消费的物美价廉的食物，还出口了占美国出口总收入1/5的农产品。2017年，美国1个农业劳动力能够养活134个人，而中国1个农业劳动力可以养活6.6个人。有专家曾预测，2020年我国北方地区一个农业劳动力可以养活约20个人。从世界各国的情况来看，农业社会化服务体系的发展不仅是整个经济水平和生产力水平发展的结果，它的建设程度还会直接影响生产发展。世界上很多国家的农业生产水平和农产品实际供给水平在很大程度上受制于农业社会化服务体系的不健全。

我国现有的农业社会化服务体系，是一个由政府需求和农业生产者需求形成的综合体。其通常有四种类型，分别是：①由政府兴办的经营性服务组织；②由国家技术部门和集体经济组织兴办的事业型服务组织；③与农业生产者处于平等地位的服务组织；④市场经济需要的农业社会化服务体系。

由于发展农业社会化服务体系涉及面广、发展速度快、承担任务重，在前进中难免出现一些问题。当前和今后相当一段时间内，其面临的主要问题是农业服务供给不足，包括服务项目、服务质量和数量都不适应农业发展的需要。

（一）产前服务满足不了要求

例如，在20世纪后20年里出现化肥和农药等农业生产资料购买难的问题；价格不合适，农民经常买到的是高于国家规定价格的高价化肥，很难买到平价化肥。其他生产资料也有类似的情况。

（二）产后服务跟不上，一些地区出现农产品难卖的情况

除了前几年连续大范围出现过卖粮难外，一些经济作物和肉、奶、蛋也出现过难卖问题。当然这种情况的出现同产品结构和质量有关，但是缺乏有效的信息引导、技术指导、加工、储藏、运销服务则是一个直接因素。特别是粮食生产，由于品种和品质结构的市场需求变化快，经常出现粮食卖不出去的情况。

（三）农业生产支持服务系统存在严重问题

如在第二、第三产业预期的投资效益和投资机会激增的情况下，农用资金

被大量挪用、挤占，收购农产品不能兑现，出现"白条"现象。这直接侵害农民的利益，挫伤了农民生产的积极性，同时也反映出农业生产支持和服务系统存在着严重问题。

（四）农民被推向市场后，信息服务严重滞后

随着农村经济体制由计划经济向市场经济转变，政府对农业生产的计划干预减少，农民对"种什么"及相关的信息需求增大，而政府和服务组织在这方面的供给又跟不上，使农民在调整种植结构时有一种茫然感。

第四节　国内外农业社会化服务的方式和内容

一、国外

（一）以合作社为主体的农业社会化服务

合作社一般是农民为了克服家庭生产和家庭经营中遇到的一些困难，由农民在自愿互利的基础上建立的一种经济组织，主要是向农民提供产前、产中和产后的农业社会化服务。在世界各国的农业社会化服务体系中，合作社都占有非常重要的位置。

在欧美发达国家，大约有80%的农户都参加了合作社，有的农民还同时参加好几个合作社，在丹麦几乎每个农民都是合作社社员。第二次世界大战结束以后，特别是20世纪七八十年代以来，发展中国家的合作社也得到了迅速发展，并逐步成为农业社会化服务体系中的主要力量。

从事农业社会化服务的合作社大概分三类：第一类是综合性的农业合作社，一般在一定的地域范围内把农民组织起来，并为农民提供各方面的服务；第二类是专门进行某一方面服务的职能性合作社，如主要提供信贷服务的农业信贷合作社，帮助农民解决因土地规模小从而给生产耕作带来不便问题的土地合作社等；第三类是专门从事某一项生产服务的专业合作社，如蔬菜生产合作社、奶牛合作社、养猪合作社等。各类合作社向农民提供的农业社会化服务内容包括资金服务、农副产品的加工和销售服务、生产资料供应服务、生产作业服务、指导服务等。

1. 资金服务

农业信贷合作社及大多数综合性的农业合作社、专业合作社都向社员提供低息贷款服务，帮助农民解决生产和经营中资金不足的问题。在日本农民的借款里面，农协系统提供的贷款占到了60%以上，如果再加上农协系统经办的对

农民财政的贷款，这个比重就高达80%以上。在法国，农民从农业信贷合作社筹集到的资金在各种贷款里面占到90%左右。

2. 农副产品的加工和销售服务

在美国，每6个农场主就有5个参加农业供销合作社。在法国，每5个农民就有4个参加供销合作社。在西欧和北欧的这些国家里，农业供销合作社所销售的农产品占全部农产品销售额的一半以上。法国70%以上的谷物是由合作社来收购的。丹麦农民生产的90%的猪肉、87%的牛奶和65%的水果蔬菜也要通过合作社销售。在美国，合作社的农副产品销售量也占到总销售量的1/3以上。在韩国，农协帮助农民销售了40%的水果和蔬菜、37%的粮食、13%的畜产品以及11%的其他农副产品。日本农协的销售服务就有4种形式：①农户把生产出来的农产品直接交给农协，由农协统一销售，最后按市场成交情况由农协跟农户结算；②农户跟农协确定好产品等级、价格、出售时间、手续费等后交给农协出售；③农协帮助农户寻找销售对象，收取一些手续费，但不经营商品，责任由买卖双方承担；④农协代替政府收购大米、小麦、大豆等农产品。

3. 生产资料供应服务

在美国，合作社系统供应的家庭农场农业物资的总量约为20%。在丹麦，合作社系统在全国农业生产资料采购量中占40%～50%。由合作社向农户供应的化肥在瑞典占70%、在挪威占60%、在荷兰占50%，这些国家合作社提供的饲料一般也达60%～70%。

4. 生产作业服务

各国合作社向农户提供的生产作业服务最普遍的首先是农机服务，其次是植保、病虫害防治等方面的服务。在法国，土地耕作方面有70%的农民求助于合作社的服务。在日本，农协利用自己拥有的设施向农户提供种子、水稻育秧及农业机械租赁服务，还承包农户的经营，接受农户的农业生产作业委托业务，有的还有代耕队，帮助农户耕作；另外，还组织农户之间进行生产协作。

5. 指导服务

指导服务主要是指合作社对农业生产的技术指导服务，经营管理指导服务，生活指导服务，教育、培训和信息指导服务等。

（二）各类企业或公司向农户提供的服务

随着农业生产的发展和社会分工的不断细化，许多原来由农民自己完成的生产经营活动，相当一部分由专门的公司或者企业来承担。公司和企业对农户的服务是从产前和产后的环节开始，并逐渐向产中环节渗透，形成全方位的服务。如农业生产资料生产企业和供应公司、农机公司、农化公司、种子公司、饲料公司等,它们向农民销售生产资料,开展农机配件供应、维修、代耕、代播、收获作业、农机租赁、测土供肥、测土施肥、病虫害预测、植物保护、动物防疫、家畜人工授精服务等。农民只要打一个电话就可以得到其需要的服务。

（三）政府部门提供的服务

政府部门主要提供农业生产的总体协调与规划服务,还有农业科技服务、资金服务、风险保障服务和基础设施服务。

二、国内

近年来,农业社会化服务在全国范围内蓬勃兴起,逐步形成了以下 5 种社会化服务形式:一是村级集体经济组织开展的以统一机耕、排灌、植保、收割、运输等为主要内容的服务;二是乡级农技站、农机站、水利（水保）站、林业站、畜牧兽医站、水产站、经营管理站和气象服务网等提供的以良种供应、技术推广、气象信息和科学管理为重点的服务①;三是供销合作社和商业、物资、外贸、金融等部门开展的以供应生产生活资料,收购、加工、运销、出口产品,以及筹资、保险为重点的服务;四是科研教育单位深入农村,开展以技术咨询指导、人员培训、集团承包为重点的服务;五是农民专业技术协会、专业合作社和专业户开展的专项服务。

2018 年年底,我国农业生产托管服务的面积达到 13.84 亿亩,服务企业、农民合作社、集体经济组织、农业企业等多元化服务主体达 37 万个②。

山东省高度重视农业生产托管服务,强化政策引导,完善服务标准,搭建信息平台,规范服务行为,推进了社会化服务的有序发展;山西省出台一系列托管行业规范,直接服务小农户 26 万户;福建省将茶叶、水果、蔬菜等特色经济作物列入托管服务试点范围。

供销社系统全程托管服务规模已达 1.78 亿亩。中国中化集团有限公司着力打造的"MAP（modern agriculture platform）"模式,在全国 25 个省（区、市）建成 128 个技术服务中心、292 个示范农村,为 321 万亩耕地提供全程服务。金正大生态工程集团股份有限公司着力打造的"金丰公社"模式,覆盖全国 22 个省（区、市）,累计服务面积 1 125 万亩。甘肃谷丰源农化科技有限公司推出的"技术集成+农事服务"模式,3 年累计服务面积超过 216 万亩。

---

① 艾云航. 加强农业社会化服务体系建设 [J]. 中国商贸,1992（12）: 16-17.
② 韩俊. 在全国农业社会化服务工作现场推进会上的讲话 [J]. 中国农民合作社,2019（11）: 8-15.

相关部门要加大对家庭农场和农民合作社的扶持力度，增强其发展活力和服务带动能力；要将家庭农场作为现代农业的主要经营方式，鼓励不同地区、不同产业探索多种发展路径；引导农民按照产业发展需要成立合作社，支持延伸产业链条，拓展服务领域，促使服务带动更多农户推进农村三次产业融合发展；要加强对小农户扶持，增强其适应和接纳现代农业的能力；要鼓励龙头企业、农业科技服务公司为农户提供各类专业化服务[1]。

第五节 农业社会化服务的主体

一、类型及其性质

组织是活动的保证，农业社会化服务必须通过一定的组织来实施，这是不言而喻的。

我国过去的农业社会化服务机构主要是县乡政府的业务职能部门（官办服务机构），之后陆续出现了官民合办以及个体经营的服务组织和联合体，也同时出现了同行业或从事同一经营项目的农民自己组织起来的，内部进行专业分工、相互依托、相互服务以谋求整体发展的各种专业协会和研究会，从而使我国农业社会化服务主体的网络形成了不同层次、不同经济成分、不同服务功能的多元性结构。具体来说，有八种组织在为农民提供服务，它们是国家行政机关、政府经济技术部门、供销合作社、乡村集体经济组织、新经济联合体、民间专业技术协会、社会企业和农民个人。

目前，集体所有制和全民所有制性质的服务主体，如供销社、信用社、乡村集体经济组织以及农技站、畜牧兽医站、土肥站、水利站和良种场等，在农业社会化服务主体中实际上起着核心作用和指导作用。

农村社区集体经济组织以乡村范围内的主要产业为服务对象，组织生产全过程的配套服务，是农业社会化服务的基础层次。乡村集体经济组织在农业社会化服务的主体中处于特别重要的地位，但构成农业社会化服务主体框架的不单纯是社区集体，还有国家、农民和其他社会力量。商业、供销、运输、银行、科技等部门，农民自办的灵活多样的多种协会、研究会、购销服务站等组织，都是农业社会化服务主体中的重要组成部分。

国家经济技术部门的服务组织和供销合作社，体系完整，经济实力强，是

---

[1] 朱礼好. 关注国家政策动向 改变企业营销策略 [J]. 当代农机，2019（10）：33.

我国农业社会化服务主体发展的主导。但由于所有制及管理的隶属关系，这些服务组织存在着突出的问题：一是条块分割，部门利益膨胀而画地为牢，彼此牵制，在某些领域形成过度竞争，一方面使得服务组织之间力量严重内耗，农业社会化服务整体综合功能受到削弱[①]，另一方面使得高效合理的服务分工格局难以形成。二是行政化色彩浓，缺乏以经济利益为核心的内在约束机制。所以往往造成服务职能受到来自行政权力和部门利益的双重冲击，而难以与农户的服务需求建立持久、稳定的经济衔接。

民间服务组织与集体服务组织或国有服务组织相比较，具有如下优点：①能有效地弥补集体服务组织和国有服务组织在地域、项目上的空白；②有利于避免服务组织与农户家庭之间的矛盾摩擦；③能充分利用农民自有农机、农具等生产资料和闲散资金；④不需要国家或集体投资，从而适合集体经济实力薄弱的乡村。

以上类型的农业社会化服务组织构成了农业社会化服务主体的网络，各项服务由它们产生、传输，然后延伸到农业生产和流通的具体过程中。在它们之间，虽然各有独立的经济利益，但相互又密切关联，共生共存。

第一，在我国社会主义制度和现阶段生产力水平条件下，政府经济技术部门是农业社会化服务主体的主导力量，乡村集体经济组织是基础，而社会企业与农民个人则是重要的补充。

第二，政府经济技术部门职能优势的释放，需要乡村集体经济组织的承接、延伸，而那些国家和集体服务组织尚不能解决或不能有效解决的服务问题，则需要社会企业或农民个人去完成。

第三，任何一个主体服务作用力的发挥，都会在农业社会化服务活动中产生共振影响。

二、特点

同其他经济活动一样，我国的农业社会化服务组织及其活动也带有明显的中国特色。

在国际上，农业社会化服务作为一种产业，它的主体在与农民的交换中发展壮大自己。我们的情形则相反。一方面，农业在政策中还存在着理论与实际不统一的地方，比较利益低是一个不争的事实；另一方面，正是由于前面的原

---

① 郭晓鸣. 现实矛盾与发展选择：四川省农村社会化服务体系建设研讨会述要 [J]. 农村经济，1992（2）：35-38，15.

因，政府才将为农业提供服务的部门纳入自己的职能范围之内，由财政预算开销服务农业的支出。所以，尽管随着商品经济的发展，政府经济技术部门逐步改革成了独立的主体，但其同财政的联系仍然难以割断。因而在农业社会化服务活动之中，它们还带有明显的事业色彩，至少是事业与企业一身二任的：事业性质单位却采用企业管理方法，既是政府的派出机构，又是农业社会化服务的主体（同农民签订各种物质和技术服务合同，以最终经济效果取得服务报酬）①。当然，早已企业化的供销社、信用社以及粮食、外贸等部门有所不同，它们的经济来源主要是服务的报酬，以及服务之外经营范围的收入。

农村社区集体组织是不存在盈利与否的农民自助合作社，是农民自愿结成的生产经营共同体。它对农民的服务一般具有合作经济的区域性、自助性和公益性特性，没有部门的独立利益，是农民自己对自己的服务，是拿农民的钱办农民的事。或者说，它是为了对抗工商业对农业利益的侵占，为了降低作业成本和生产总成本——通过扩大作业规模和流通规模的方式，集体对农业生产和营销费用的底垫。至于社会企业和农民个人的农业社会化服务组织，从本质上说，已经是按企业机制运行的经济组织。但同样的，它们与农民的关系仍然并不完全等同于市场买卖关系。它们也有一个让利于农民、支持农业发展的问题。有时候，它们也必须通过其他经营项目或者扩大经营规模的办法，来解决为农服务的费用问题。

---

① 郭翔宇. 黑龙江省农业社会化服务体系问题探索 [J]. 求是学刊，2001（5）：45-50.

第五章　农业社会化服务现状

第一节　农业社会化服务供需现状

我国已基本形成多元化、社会化的农业社会化服务供给体系，现阶段我国的主要矛盾是人民日益增长的美好生活需要和发展不平衡不充分之间的矛盾，单纯地提供以农户或政府特定形式提供的农业社会化服务方式已不足以满足农户生产的需要。面对农户多元化的需求，在实践中各服务主体也创新了很多很好的服务模式，下面我们将进一步分析我国农业社会化服务的供给与需求状况。

一、农业社会化服务供给现状

从供给层面来看，在国家政策的引导和各级政府的重视下，我国建立了从中央到乡镇五级政府公益性服务组织，我国的公益性服务体系得到了不断的强化。随着市场化改革的不断推进，农业经营性服务主体也得以蓬勃发展，在农业社会化服务体系中发挥了新的作用，初步形成了多方参与、多元化竞争的发展格局，这些农业经营性服务主体在农业技术推广、农作物病虫害防治、农资配送、机械作业、农产品产销等各方面发挥着日益重要的作用；同时，随着农业生产的商品化、专业化程度越来越高，农业社会化服务开始从生产服务领域向"全要素"领域延伸。一方面，传统型服务逐渐得以基本覆盖，服务的内容也不断地丰富，并且为了实现农业的现代化，一些传统的服务内容也在随之不断革新；另一方面，新型服务领域不断拓展，服务层次不断加深。因此，从农业社会化服务供给现状来看，我国多层次农业社会化服务格局基本形成。伴随着新型农业社会化服务主体的快速发展，其服务方式与手段也得到了不断创新，从被动服务到主动服务，从常规服务到个性服务，从专项服务到综合服务，各类农业社会化服务主体相互联合、相互协作，在实践中逐步建立起多形式农业社会化服务模式。

即便农业社会化服务体系在不断地完善，但是仍存在着服务不能满足农户需求的现状。以技术服务为例，目前我国提供的服务中，增产型技术多于增收型技术，资源利用型技术多于资源节约型技术，农艺型技术多于农机型技术。从供给主体上看，民间服务主体在农业社会化服务的提供中发挥着重要作用，除了水利设施及灌溉服务的提供外，其他各项农业服务的提供比重均超过一半以上。此外，农村金融服务落后也是一个突出问题。由于农业保险高风险、低收益的特性，商业保险机构对涉足农业领域积极性不高，农村保险服务体系发展长期滞后。

二、农业社会化服务需求现状

近年来，我国农业专业化、现代化水平不断提高，农业功能不断拓展，农户对系统而全面的农业社会化服务的需求也愈加强烈，学术界对农户需求的研究也不断涌现，其研究视角既有整体研究，如调查分析农户需要哪些农业社会化服务项目①②、满意度③④及影响因素⑤⑥，也有研究将视角集中于农业社会化服务的某一方面，如农户对农业技术服务的需求⑦⑧、对农业信息服务的需

---

① 鲁可荣，周洁. 农业生产组织对农业社会化服务需求意向及实际满足度分析：基于对浙江省 178 例农业生产组织的抽样调查 [J]. 福建论坛（人文社会科学版），2014（3）：135–139.

② 王钊，刘晗，曹峥林. 农业社会化服务需求分析：基于重庆市 191 户农户的样本调查 [J]. 农业技术经济，2015（9）：17–26.

③ 熊鹰. 农户对农业社会化服务需求的实证分析：基于成都市 176 个样本农户的调查 [J]. 农村经济，2010（3）：88–91.

④ 鲁可荣，郭海霞. 农户视角下的农业社会化服务需求意向及实际满足度比较 [J]. 浙江农业学报，2013，25（4）：890–896

⑤ 刘大鹏，刘颖，陈实. 土地流转、规模经营对农业社会化服务需求的影响分析：基于江汉平原 393 个水稻种植大户的调查 [J]. 中国农业资源与区划，2019，40（1）：170–176.

⑥ 庄丽娟，贺梅英，张杰. 农业生产性服务需求意愿及影响因素分析：以广东省 450 户荔枝生产者的调查为例 [J]. 中国农村经济，2011（3）：70–78.

⑦ 孙国梁，赵邦宏，唐婷婷. 农民对农业科技服务的需求意愿及其影响因素分析 [J]. 贵州农业科学，2010，38（12）：217–220.

⑧ 王洋，许佳彬. 农户禀赋对农业技术服务需求的影响 [J]. 改革，2019（5）：114–125.

求①②和对农业信贷服务的需求③④研究等。随着我国新型农业经营主体的增加以及生产规模的变化，一些学者开始对不同类型农户⑤⑥的农业社会化服务需求进行深入研究。

在一项调查中显示出农户对生产技术指导服务的需求强度是较高的，同时农户对综合性农业社会化服务需求率从高到低分别为：技术信息、价格信息、政策法律信息、信用等级证明、贷款担保、介绍贷款渠道、组织集体贷款和组织外出打工。不同类型的农户对农业社会化服务的需求存在一定的异质性。传统农业社会化服务体系以服务农户为中心，公益性农业服务占据主体地位，农户对农业社会化服务的需求主要集中在产前和产后；而随着近年来种养大户、农民专业合作社、家庭农场、农业龙头企业等新型农业经营主体不断涌现，农户对农业社会化服务的需求也逐渐由单纯的生产环节服务向资金、技术、信息、经营管理等综合性服务扩展。

第二节　我国农业社会化服务体系发展的总体情况

一、主体体系

关于农业社会化服务体系的内涵，学术界有许多的研究。孔祥智等（2009）认为，农业社会化服务体系是在家庭承包经营的基础上，为农业产前、产中、产后各个环节提供服务的各类机构和个人所形成的网络。农业社会化服务体系有两个基本含义：一是服务的社会化；二是组织的系统性⑦。李春

---

① 齐力．邓保国．农业信息化服务体系研究：基于广东农户需求的分析 [J]．广东农业科学，2011，38（1）：229-231.

② 坤燕昌，曾红岩．西部地区农业转型升级期农户信息需求与服务建设研究：以安宁河流域西昌市农户的调研为例 [J]．农业图书情报学刊，2014，26（12）：170-174.

③ 马晓青，等．信贷需求与融资渠道偏好影响因素的实证分析 [J]．中国农村经济，2012（5）：65-76，84.

④ 夏蓓，蒋乃华．规模经营农户信贷服务的需求及供给状况分析：基于苏中地区的问卷调查 [J]．财会通讯，2017（11）：27-30.

⑤ 罗小锋，向潇潇，李容容．种植大户最迫切需求的农业社会化服务是什么 [J]．农业技术经济，2016（5）：4-12.

⑥ 夏蓓，蒋乃华．种粮大户农业社会化服务供给侧改革研究：基于扬州地区 264 个样本农户的调查 [J]．财会月刊，2016（35）：66-70.

⑦ 孔祥智，徐珍源，史冰清．当前我国农业社会化服务体系的现状、问题和对策研究 [J]．江汉论坛，2009（5）：13-18.

海（2011）指出，作为农业生产力水平发展到一定阶段的必然产物，农业社会化服务体系是指为农业生产提供社会化服务的成套的组织机构和方法制度的总称①。

中国共产党第十七届三中全会指出，新型农业社会化服务体系就是以公共服务机构为依托、合作经济组织为基础、龙头企业为骨干、其他社会力量为补充，公益性服务和经营性服务相结合，专项服务和综合服务相协调的覆盖全程、综合配套、便捷高效的社会化服务体系。其中，新型农业经营主体的发展会促进农业社会化服务体系的配套，而农业社会化服务体系的配套反过来又会提高新型农业经营主体的建设水平。可见，新型农业经营主体的农业社会化服务功能也越来越得到广泛的认可和研究。总之，建立新型农业社会化服务体系，为农民提供全方位的农业社会化服务，可以解决农业小生产与大市场之间的矛盾，是提高农业整体素质和竞争力、确保国家粮食安全、建设中国特色现代农业的必然要求②。

二、供给机制

农业社会化服务供给方的雏形其实就是农户自己，即自己服务自己或者农户之间无偿地互帮互助。随着经营规模扩大或农业技术限制无法自我服务，就形成了一个农业服务供给主体给一个或多个农户提供单一环节服务且供给主体之间没有任何联系的现代农业社会化服务供给主体的原型。部分供给主体为了提高自身的竞争实力以及获得更多的市场份额，就会不断完善、提升自己的服务能力，即由单环节服务范围逐渐扩展到多个服务环节（这些服务基本是对前面服务的延伸），然后逐渐能够给农户提供产前、产中、产后等所有农业环节的综合服务；或者当这些单个主体不具备提供全环节服务的能力时，就开始寻找合作的其他农业服务主体，形成服务联盟，多供给主体合作，共同提供综合农业服务，实现多方共赢。

据原农业部统计，截至 2016 年年底，新型农业经营主体的数量达 280 万个③，全国家庭农场达到 87.7 万户，农民合作社达 179.4 万家，全国农业产业化组织超过 41 万个（其中各类龙头企业超过 13 万家），全国新型职业农民

---

① 李春海. 新型农业社会化服务体系框架及其运行机理 [J]. 改革，2011（10）：79-84.
② 黎家远. 统筹城乡背景下财政支持新型农业社会化服务体系面临的挑战及对策 [J]. 农村经济，2013（10）：59-61.
③ 农民日报. 农村"双创"：汗水洒阡陌梦想归田园 [EB/OL]. （2017-03-14）[2021-05-02]. http://www.moa.gov.cn/ztzl/scw/scdtnc/201703/t20170314_5520013.htm.

总数超过 1 400 万人①。截至 2018 年年底，我国的农机作业服务组织和农机大户的总数达到 520 万人，其中农机专业的合作社超过 7 万人②。截至 2020 年年底，全国农业社会化服务组织数量超过 90 万个，农业生产托管服务面积超 16 亿亩③。农业社会化服务的不断壮大，对于促进现代农业建设和农民增收发挥了重要作用。目前，农业社会化服务的供给主体主要包括：公益性服务组织、市场化（营利性）服务组织、合作性服务组织三大类。公益性服务组织是指为农业生产提供公益性服务的涉农相关政府部门及其附属机构，主要包括农业局（土肥站、植保站、农技推广站等）、畜牧兽医局、粮食局、水利局、气象局、电信局以及高校科研院所等。市场化（营利性）服务组织是指以市场为导向、以盈利为目的，向农业生产经营者提供农业社会化服务的组织，主要包括农业产业化龙头企业、供销社、农资供应商、金融机构、保险机构等。合作性农业社会服务组织主要包括农机服务专业合作社、植保专业合作社、农村专业经济协会和村集体经济组织等④。

不同的农业社会化服务供给主体所运行的机制有所不同。例如，政府通过搭建公共服务平台、创新各种服务等方式为相关主体提供农业社会化服务；龙头企业则通过进驻、直接投资等方式为相关主体提供农业社会化服务。目前，我国已经形成了比较完备的多主体农业社会化服务体系，随着农业现代化、市场化进程的快速推进，多样化的农业服务主体也逐步发展，以政府和公共服务机构为依托、合作经济组织为基础、龙头企业为骨干、其他社会力量为补充的新型农业社会化服务体系逐渐形成，各农业社会化服务供给主体为满足农户多元化、多层次的农业需求逐渐地形成利益联结、携手共进的综合性供给体系。

三、主要服务内容

在对农业社会化服务的主要服务内容进行探究时，不同的学者所持的观点大同小异。在孔祥智等（2012）看来，服务的主要内容包括：物资供应、生产服务、技术服务、信息服务、金融服务、保险服务，以及农产品的包装、运

---

① 中国农村网. 第二单元 农村各项改革全面深化［EB/OL］.（2018-08-13）［2021-05-02］.ht-tp：//www.moa.gov.cn/ztzl/zgnmfsj/xdnycj/201808/t20180813_6155629.htm.

② 农业部网站. 中化农业杯·第五届中国农机手大赛在京启动［EB/OL］.（2018-04-19）［2021-05-02］.http://www.moa.gov.cn/ztzl/nmsjyyjnpxzl/hddt/201804/t20180419_6140599.htm.

③ 郁静娴. 截至 2020 年年底全国农业社会化服务组织数量超 90 万个 ［EB/OL］.（2021-02-08）［2021-05-18］. https://baijiahao.baidu.com/s? id=1691081885201077041&wfr=spider&for=pc.

④ 鲁可荣，郭海霞. 农户视角下的农业社会化服务需求意向及实际满足度比较 ［J］. 浙江农业学报，2013，25（4）：890-896.

输、加工、贮藏、销售等方面①。根据农民生产需求的多样性和复杂性，云振宇等（2014）认为农业社会化服务内容包括为农民提供的产前、产中和产后的全过程综合配套服务，大体概括为农资供应服务、农业生产服务、农技推广服务、动植物疫病防控服务、农产品质量监管服务、农产品流通服务、农业信息化服务、农业金融服务、农业经营服务及其他服务10个方面②。

闵师（2019）等按照农业生产过程产前、产中和产后各自提供的服务进行分别解释，其中农业产前服务主要包括提供生产信息、提供良种和配套指导、提供机播和机械深松等机械服务或田间指导等；农业产中服务主要包括灌溉、植保、防疫等服务；而农业产后服务主要包括农产品收获、供求信息和售卖等服务③。钟真（2019）则对农业社会化服务的主要内容进一步概括，即农业生产资料和农产品流通服务、农业生产辅助服务、农业技术研发与推广服务、农业信息服务、农业金融服务④。

第三节　农业高质量发展的新要求

一、农业机械化与农业生产社会化服务

（一）农业机械化

农业机械化是指运用先进适用的农业机械装备农业，改善农业生产经营条件，不断提高农业的生产技术水平和经济效益、生态效益的过程，包括：①农、林、牧、副、渔等部门生产作业机械化，如农作物的耕种、排灌、植保、收获，渔业的放养、打捞等；②产品运输和加工的机械化；③农业基本建设施工机械化等。其作用在于提高劳动生产率，减轻劳动强度，提高农业单位面积产量。

---

① 孔祥智，楼栋，何安华. 建立新型农业社会化服务体系：必要性、模式选择和对策建议 [J]. 教学与研究，2012（1）：39-46.

② 云振宇，等. 浅析我国农业社会化服务标准体系的构建与实施 [J]. 农业现代化研究，2014，35（6）：685-689.

③ 闵师，等. 小农生产中的农业社会化服务需求：来自百乡万户调查数据 [J]. 农林经济管理学报，2019，18（6）：795-802.

④ 钟真. 社会化服务：新时代中国特色农业现代化的关键：基于理论与政策的梳理 [J]. 政治经济学评论，2019，10（2）：92-109.

（二）农业机械化的重要性

1. 农业机械化是促进农民增收的有效途径

促进农民增收是解决"三农"问题的根本，农业农村工作的关键是增加农民收入，而农业机械化的发展是助力农民增收的有效途径。据统计：2020年，全国农作物耕种收机械化率达到71%，较上年提升1个百分点。相对而言，农机化水平高的地区，农民收入也比较高，生活相对富裕。大力发展农业机械化，一是可以发挥农机的增产、增效作用，直接创造财富。二是可以发挥农机的替代作用，转移农村劳动力。发展农业机械化的过程，就是通过农业生产"增机、减人、增收"的过程。三是可以发挥农机的吸纳作用，安置部分农民，实现农业内部再就业。

2. 农业机械化是推进乡村振兴战略的重要支撑

乡村振兴战略以实现农业农村现代化为总目标。国务院文件做出了"没有农业机械化，就没有农业农村现代化"的重大论断。中共中央、国务院印发的《乡村振兴战略规划（2018—2022年）》指出，要推进农机装备和农业机械化转型升级，肯定了农业机械化在乡村振兴中的重要作用，赋予了农业机械化新的时代使命①。

农业机械化发展农业生产力，从根本上转变农业生产方式，推动农业生产发展和农村生产关系、生活方式、治理体系的变革，必然会对"产业兴旺、生态宜居、乡风文明、治理有效、生活富裕"各方面产生巨大的推动力，极大地推动乡村产业、人才、文化、生态和组织振兴。实施乡村振兴战略需要农业机械化向更宽领域、更高水平发展，为实施乡村振兴战略、实现农业农村现代化提供有力支撑②。

3. 农业机械化是实现农业现代化的关键手段和重要内容

虽然各个国家的基本国情不同，采取的现代化道路不同，但已经实现了农业现代化的国家都离不开实现农业机械化。衡量农业现代化水平的主要指标是农业劳动生产率，而农业机械化是提高农业劳动生产率的主要手段，农业机械化水平是现代农业发展程度的重要标志。要实现农业的现代化，形成农业竞争力的核心能力，必须大力发展农业机械化，用现代物质条件装备农业，提高农业生产的机械化和集约化水平。

---

① 江泽林. 把握新时代农业机械化的基本特性 [J]. 农业经济问题, 2019 (11)：6-16.

② 张桃林. 在2019年全国农业机械化工作会议上的讲话（摘要）[J]. 中国农机化学报, 2019, 40 (3)：1-6.

4. 农业机械化是农业可持续发展的有力保证

随着农业机械化的广泛使用，促进了农业生物技术的实施与发展，从而可以减少农业生产要素的投入，合理地配置与整合农业生产要素资源，改善农业生产基础设施和生态环境，促进农业的可持续发展。

（三）农业机械化需要的农业生产社会化服务

1. 适用的农业机械设备服务

在农业机械化发展过程中，相关部门要从农民的利益角度出发，考虑农作物、土壤以及成本等因素，以此作为机械设备研发的基础，这样才能实现增收、增产的目标。只有站在农民的角度考虑，了解农民的真正需求以及农业生产过程中的需求，才能及时对农业机械设备做出改进与优化，有针对性地开发农业机械设备，从而真正帮助农民提高农业生产效率。农业机械化需要农业生产社会化服务为之提供适用的农业机械设备服务。

2. 完善的农业机械支持政策服务

政策是行业发展的引导，也是行业发展的催化剂。根据历史经验，农业发达国家无一不是利用政策来推动农业机械化的发展。实现农业机械化最主要的是提高农业机械数量及农业机械质量，保证农业机械的安全并提高农民职业化素质，这是农业机械化政策的出发点，各项制度的安排应有利于上述各项指标的提高。农业机械化需要农业生产社会化服务为之提供完善的农业机械支持政策服务。

3. 机械专业人才培养服务

科技的发展和教育水平的提高是实现农业机械化发展的关键，也是农业迈向现代化的强有力保障。农业机械化发展对农业机械及其管理服务的需求，其本质是对农业机械化人才的需求。随着机械化程度的加深以及机械设备的广泛应用，这就要求造就一批既精通农机驾驶、维修，又了解农业农村、农业技术的新型机械化专业人才，培养一批既懂生产又懂管理的农机职业经理人。因此，农业机械化需要农业生产社会化服务为之提供机械专业人才培养服务。

二、农业信息化与农业生产社会化服务

（一）农业信息化

农业信息化是指把信息技术充分运用在农业生产的各个环节①，也就是以

---

① 沈剑波，王应宽．中国农业信息化水平评价指标体系研究［J］．农业工程学报，2019，35（24）：162-172.

现代通信技术、互联网、数据库技术等为手段①，有效整合各类型农业信息，然后服务于农业的发展，最终实现各种农业生产要素的合理配置和有效利用，使得农业的生产、营销和决策过程更加地科学化、智能化②，从而提高生产效率的农业生产方式。简而言之，农业信息化就是现代的信息技术广泛应用于农业生产、经营和管理的全过程。

（二）农业信息化的意义

1. 有利于促进现代农业产业结构的优化

以计算机和现代通信技术为主的信息技术在农业上的广泛应用，能促进农业产业化过程信息化、高效益化。农业生产率将大幅度提高，生产成本将下降。粗放式大批量生产和高消耗的农业生产模式将被高度集约式的"高产、高效、优质"生产模式所代替，农业产业中的服务、销售比重逐渐加大，劳动密集型产业的比重将会下降，技术密集型和知识密集型产业的比重将会提高。农业产前、产中、产后的产业链规划将更加合理，联系将更加紧密，这些都促进了农业产业结构的进一步升级和优化。

2. 有利于提高现代农业经营管理水平

应用现代信息技术创造的智能工具改造和装备农业各部门，建立农业信息网络体系，可为农业服务、生产、销售等各阶段的经营管理决策者提供强大的技术手段，高效、畅通、丰富的信息渠道和相应的生产方案，加强过程的监控和管理，将农业各阶段经营管理提高到一个新水平，解决管理效率低、调控不及时等问题，有效降低农业生产的成本，提高经济效益，使农民增收，促进管理科学化、合理化和最优化，从而加快农业的全面发展。

3. 有利于农业生产力水平的提高

农业信息化的应用在很大程度上能够提高农业生产要素的利用率，降低农业生产成本，改善、提高农业生产效率，提高农业生产力水平，实现农业生产的集约化发展、高质量发展、可持续发展。例如，基于信息技术，通过建立基本的农田数据库、水利工程数据库、森林资源数据库等相关专业数据库，将生产信息及时传输到农业信息管理系统和管理平台，实现对农业生产条件、情况、环境等严密和精确的检测控制，实现农业精准作业。这不但节约人力、物力，同时也会显著地提高农、林、牧、渔业的资源使用效率和生产质量。生产信息化技术从根本上改变了传统农业"靠天吃饭"的产业运作模式，将农业

---

① 高万林，李桢，于丽娜，等. 加快农业信息化建设促进农业现代化发展 [J]. 农业现代化研究. 2010，31（3）：257-261.

② 李向阳. 信息化对农业经济增长影响的回归分析 [J]. 统计与决策，2014（4）：147-150.

生产与生态环境发展统一协调起来，促进形成良好的现代化农业产业运作模式，最终实现产业的高质量发展。

（三）农业信息化需要的农业生产社会化服务

1. 完善的基础设施服务

基础设施在农业信息化建设中始终扮演着不可替代的关键角色，是提高农业信息化发展成效的关键所在。从某种程度上说，农业信息化建设的初期就是农业信息化的基础设施建设，如果没有基础设施，农业信息就很难得以收集和传播，从而也无从谈起农业信息推动农业生产方式转变，提高农业经济效益。只有逐渐加大网络信息基础设施的引进力度，搭建完善的农业网络体系，力求实现无线网络高质量全覆盖，保证农户可以随时随地地查找农业信息和政府相关政策，才能更好地支持农产品的"产销运"高效一体化。农业信息化需要农业生产社会化服务为之提供完善的基础设施服务。

2. 丰富的农业信息资源服务

农业信息化的最大特征在于信息资源具有前所未有的重要价值。积极开发信息资源，建立集信息采集、加工处理、互联互通、整合应用于一体的丰富的农业信息资源体系，能够在农产品价格预判、农资流通、质量安全等方面发挥重要的作用。丰富的农业资源能够有效引导农业生产者及时准确辨识市场风险，调整生产结构，科学规避市场风险；同时，也能够提供农作物育种、栽培、施肥、病虫害防治等基础信息服务，为现代农业发展提供更全面的信息服务。农业信息化需要农业生产社会化服务为之提供丰富的农业信息资源服务。

3. 大量的信息化人才服务

农业信息化要良好发展，离不开农业科技工作者的支撑。然而，我国的农业信息化人才匮乏，数量和质量跟不上信息化发展速度。因此，对农业信息化人才的培养显得尤为重要。相关部门可以设立专项基金和扶持项目，鼓励个人或企业投入农业信息化建设中；培养一些专业的农业信息化人才，打造从事该工作的专业服务团队；引进专业人员，提高服务质量。农业信息化需要农业生产社会化服务为之提供大量的信息化人才服务。

三、农业产业化与农业生产社会化服务

（一）农业产业化

1995 年 12 月，人民日报发表的文章《论农业产业化》首次正式提出"农

业产业化"概念①。在实践中，农业产业化是指在我国家庭承包经营的基础上，以市场为导向，以效益为中心，以农户经营为基础，以农业企业为依托，以整合农业资源为手段，以科技服务为保障，通过优化农业生产要素配置，推动农业产业朝组织化、专业化、一体化、集约化、社会化方向发展的过程②③。

（二）农业产业化的模式

近年来，我国"三农"问题备受社会关注，要想实现农业增产、农民增收，就应鼓励农民联合起来，促使农业规模化经营，从而发展壮大农村经济④。

1. 农民专业合作社带动经营模式

农民专业合作社作为农业经营体系中新型农业经营主体的中坚力量，是发展农业现代化的助推器。农民专业合作社带动的经营模式主要以农村合作社为主导，联合其他经营主体，在相对集中的地区运用相对分散的劳动力，大规模生产和经营；同时以标准化、品牌化、产业链延伸和政府适当支持为辅，以降低监管成本、规范种植过程、优化品种，提高其农业生产的质量和专业化水平。其具体表现形式可称为"合作社+"。

2. 龙头企业带动经营模式

龙头企业是农业产业化经营的关键，其发展有利于调整农村结构，推动传统农业向现代农业转变。龙头企业带动的经营模式作为带动区域发展的重要力量，在现代农业建设中发挥着越来越关键的作用，一般以公司或集团企业为主导，但是由于各地区农业生态类型、自然资源条件和社会经济条件的差异，龙头企业带动的运行模式也会有所不同。具体形式如"龙头企业+合作社+农户+当地特色产品"模式。

3. 基层组织引导经营模式

基层组织引导的经营模式主要是指在地方政府的带动下，充分发挥基层组织在农业产业化中的重要作用，加强基层组织的建设，着力培育地方特色优势产业，利用地方要素禀赋，以"地方党政+市场主体"为基础，推动农业产业

---

① 陈嘉祥. 我国欠发达地区农业产业化的减贫效应：基于15个省份面板数据的空间计量分析［J］. 山西财经大学学报，2020，42（10）：52-68.

② 郑学党. 供给侧改革、互联网金融与农业产业化发展［J］. 河南社会科学，2016，24（12）：1-7.

③ 李志远. 现代农业产业化的经营与管理：评《农业经济管理》［J］. 中国食用菌，2019，38（8）：24-25.

④ 刘宇鹏，赵慧峰. 农业产业化机制创新提高农民收入的实证分析：以坝上地区为例［J］. 中国农业资源与区划，2016，37（1）：73-79.

化。例如，"地方政府+企业+合作社+农户"模式。

4. 产业园区带动经营模式

产业园区一般是由政府或企业为实现产业发展目标而创立的特殊区位环境，是区域经济发展、产业调整升级的重要空间聚集形式。产业园区带动的经营模式突出体现了农业科学技术的作用，引进了新品种和新技术，形成了各种形式的示范园网络，如物流园区、科技园区和生态农业园区等。其具体表现形式可称为"产业园区+"。

随着新型农业社会化服务体系不断完善与发展，各种新兴的农业产业化模式不断涌现，故而不只是局限于以上四种带动经营模式。

（三）农业产业化需要的农业生产社会化服务

1. 农业金融贷款服务

农产产业化的发展离不开经济的支持，在面对资金不足，阻碍农业产业化发展时，农业金融贷款则能及时为其注入资金，维持其正常的发展运转。在农业金融贷款服务中，相关部门应积极鼓励农业产业化龙头企业参与农业信贷担保体系建设，并根据具体情况适当放宽信贷条件，通过进一步满足各环节的资金需求，以金融服务流程再造为手段，夯实农业产业化金融服务基础。金融机构应主动适应农业产业化的生产交易特点，积极进行业务流程再造，创新金融服务方式、手段和流程，通过一体化、一站式的金融服务模式降低交易成本，拓展金融服务的边界，提升其服务效率[①]。农业产业化需要农业生产社会化服务为之提供农业金融贷款服务。

2. 农业科技研发与推广服务

推进农业产业化经营科技进步、创新，是农业产业化经营永续发展的动力。在社会主义市场经济条件下，农业产品市场竞争日益激烈，农业产业化经营的竞争是农业产品生产质量、加工增值、销售价值的竞争，归根到底是科技进步的竞争。为此，相关部门必须坚持在组织推进农业产业化经营标准体系建设中，实施科技兴农战略，推广应用农业产品优良品种、农业生产经营先进技术，建立农业产品良种繁育基地和农业产品良种繁育体系，推广农业生产经营适用技术，提高农业产品生产质量、加工增值水平，确保实现农业产品市场价值，保障社会供应，增加农民收入，改善农民生活[②]。农业产业化需要农业生产社会化服务为之提供农业科技研发与推广服务。

---

① 周晓强. 以供应链金融助推农业产业化发展 [J]. 中国金融，2012 (15)：36-37.
② 韩连贵，等. 关于探讨农业产业化经营安全保障体系建设方略规程的思路 [J]. 经济研究参考，2013 (3)：3-68.

3. 农业经营主体培养服务

想要做大做强农业产业化经营，就得培养一批技术优越、规模成熟、带动能力强的新型农业经营主体。一是大力推动当地龙头企业的发展，地方政府要在思想上和行动上培育龙头企业，发布相应的政策，加大对龙头企业的扶持力度。龙头企业要根据自身情况实行因地制宜原则，加强农产品的自主研发，培养高素质的管理人才和技术人员，培育出自己的核心产品，以此提高企业在竞争市场的地位。二是要完善农村经济合作组织，提高农民组织化程度。当地政府要在政策上支持农民合作组织的建设，创建农民培训班，提高农民的专业素质；摸索出适合当地发展的经济合作组织，促进龙头企业和农民专业合作社高度融合，使农民的专业化组织程度整体提高，并扩大其规模；还要规范农民经济组织的建设，建立起规范完整的管理制度，让经济合作组织的各项工作都能朝着更好的方向发展。农业产业化需要农业生产社会化服务为之提供农业经营主体培养服务。

四、农业专业化与农业生产社会化服务

（一）农业专业化的概念

农业专业化是指参与农业分工的主体专门从事农业领域内某种（或某几种）生产经营活动[①]，或者说一个地区或一个农业生产单位从经营多种农作物生产、加工转变为重点对某一种或几种农作物进行专业化生产、加工的过程[②]。

（二）农业专业化的意义

农业由"万物俱全式"的自给半自给性生产变为专门化的大规模商品生产是一个历史的进步，它不仅促成了工农业之间的交换，还促成了各种农业区域之间、各种农业部门之间和各种农产品之间的交换。交换的扩大意味着农业生产受到越来越多的社会核算（首先是地方市场的核算，其次是国内市场的核算，最后是国际市场的核算），承受越来越大的市场竞争力的冲击，从而大大推动了农业技术改造和社会劳动生产力的发展。

具体来讲，农业专业化的重大意义主要表现在以下几点：第一，有利于发挥各地区、各农业生产单位在自然资源和经济资源方面所拥有的优势；第二，

---

① 杨丹. 农业分工和专业化能否引致农户的合作行为：基于西部 5 省 20 县农户数据的实证分析 [J]. 农业技术经济，2012（8）：56-64.

② 杨钧. 新型城镇化与农业规模化和专业化的协调发展：基于 PVAR 方法的讨论 [J]. 财经科学，2017（4）：65-76.

第五章 农业社会化服务现状 | 63

有利于采用先进的生产工具和农业技术；第三，有利于提高农业劳动者的熟练程度和技术水平；第四，有利于节约投资和提高投资效益；第五，有利于提高经营管理水平；第六，有利于提高土地生产率和劳动生产率，降低农产品成本，改善产品质量，增加经济收入。

（三）农业专业化需要的农业生产社会化服务

1. 农业生产指导服务

农业产业的专业化生产是我国农业现代化进程加速和区域分工深化后的必然产物。由于我国幅员辽阔，地形差异和气候差异较大，这时候就需要相关的农业生产指导，分析农业信息，使得各个地区可以借助自身区域条件、地理特征和历史传承等自身优势，在全球化和市场化的大背景下完善农业生产的空间布局，实现区域内农业产业的进一步专业化发展，改进生产效率并获得更高的生产回报。农业专业化需要农业生产社会化服务为之提供农业生产指导服务。

2. 病虫害防治服务

农业生产在我国经济体系中占有重要的位置，尤其是粮食安全问题直接关乎国计民生，是我国社会主义建设与和谐社会构建的决定性因素。农业生产本质上是自然再生产和经济再生产的过程，而病虫害防治是农业生产的重要组成部分，是保证农产品稳产和高产、农业增收和增效、农业生态环境的重要一环。而农业专业化的生产更需要农业社会化服务组织对病虫害进行及时有效的防治，才能更好地实现增产。农业专业化需要农业生产社会化服务为之提供病虫害防治服务。

3. 农业机械操作服务

农业机械化是农业现代化的重要标志，农业机械是现代农业的物质基础，故而农业机械的使用是农业专业化的前提条件。农业机械在农业生产的产前、产中、产后都发挥着重要作用，保证了农业增产，提高了生产效率，也降低了生产成本，推动了农业专业化发展。农业专业化需要农业生产社会化服务为之提供农业机械操作服务。

近年来，我国农业社会化服务体系不断完善与发展，服务领域不断拓展，服务模式不断创新，在促进传统农业向现代农业转变的过程中发挥了重要的作用。然而，面对多样化的农业社会化服务需求，在满足需求上仍有待加强，相关部门应坚持从农户需求的视角出发，不断完善农业社会化服务体系，既要考虑农户需求的差异性，又要注重具有共性的、较为迫切的需求；同时，要结合我国现有国情，鼓励新型社会化服务主体和其他社会力量共同积极参与农业生产社会化服务，重视发展农业科技、金融、信息等基础性服务，为推进农业现代化奠定良好的基础。

新型农业社会化服务体系的总体框架包括：服务供给主体——以公共服务机构为依托、合作经济组织为基础、龙头企业为骨干、其他社会力量为补充；服务对象——有文化、懂技术、会经营、善管理的新型农民；服务发展模式——不同经营主体带动的合作模式；建立健全法制环境、宽松政策环境、开放经济环境、完善市场环境。农业社会化服务是辅助农业现代化发展的，它为农业在产前、产中、产后的各个过程提供服务，农业社会化服务体系的产生和发展源于农业生产与农业服务在技术上的可分性。农业生产社会化服务可以由政府公共服务机构、农业以外部门、农村集体、农民专业合作社、龙头企业、不同民间服务主体等提供，主要形成分工经济和规模经济，提高农业生产绩效，促进农业现代化的发展。综合分析，实现农业高质量发展和农业现代化需要农业生产决策、农业生产要素、农业生产过程、农业生产手段、农业生产信息等农业社会化服务。

第六章 农业社会化服务体系建设存在的问题

第一节 农业社会化服务主体体系不完善

农业社会化服务主导的主体不同，导致农业经营主体所付的成本不同。政府主导的农业社会化服务应该属于公益性质，成本最低，不仅如此，它还应该提供市场不愿意提供且农民解决不了的服务。以农业生产过程为标准，我们把农业社会化服务分为六类，分别是：农业科技服务、生产资料供应服务、生产作业服务、疫病防治服务、质量安全监管服务和流通服务。在农业社会化服务的框架里，政府主导的服务机构主要承担农业科技服务、质量安全监管服务、疫病防治服务和流通服务，而农业科技服务和质量安全监管服务是其主要服务（见表6-1)①。

表6-1 中国农业社会化服务框架梳理

服务主体/种类	农业科技服务	生产资料供应服务	生产作业服务	疫病防治服务	质量安全监管服务	流通服务
政府部门	★	×	×	√	★	√
农业企业	√	★	√	√	√	√
经纪人/经销商	×	★	×	×	×	★
批发市场	×	×	×	×	√	★
农民专业合作社	√	★	★	★	√	√
农户/市民	×	×	★	×	√	√

注：★表示主导该项服务；√表示提供该项服务；×表示不提供该项服务。

---

① 孔祥智，等. 新型农业社会化服务体系建设［M］. 北京：经济管理出版社，2020：26.

我们在文献梳理的基础上把服务主体分为三大类，分别是政府主导的服务主体、市场主导的服务主体和农户自助式的服务主体，在此基础上再进行细分（见表6-2）。

表6-2 我国农业社会化服务主体分类

农业社会化服务主体大类	服务主体进一步细分
政府主导的服务主体	农技站
	农业科研机构
	农产品质量安全检测机构
市场主导的服务主体	农业产业龙头企业
农户自助式的服务主体	农民专业合作社

注：笔者在文献梳理的基础上对农业服务主体进行划分。

一、政府

（一）农技站

农技站的全称是"农业技术推广站"，是乡（镇）人民政府、城市街道办事处、区公所一级的基层，隶属于乡（镇）政府、街道办事处、区公所。农技站的主要职能是直接面向农民，负责推广新技术、新产品，指导农民生产，为增加农民收入、发展农业生产、振兴农村经济服务。《中华人民共和国农业技术推广法》明确了农技站的职责，具体为：①各级人民政府确定的关键农业技术的引进、试验、示范；②植物病虫害、动物疫病及农业灾害的监测、预报和预防；③农产品生产过程中的检验、检测、监测咨询技术服务；④农业资源、森林资源、农业生态安全和农业投入品使用的监测服务；⑤水资源管理、防汛抗旱和农田水利建设技术服务；⑥农业公共信息和农业技术宣传教育、培训服务；⑦法律、法规规定的其他职责。农技站人才缺乏、任务不清、服务被动且手段落后是多年来积累下来的问题。2018年，农业农村部办公厅发布了《农业农村部办公厅关于全面实施农技推广服务特聘计划的通知》，通知指出：结合贫困地区发展特色优势扶贫产业和其他地区农业产业发展需要，在全国贫困地区及其他有意愿地区实施农技推广服务特聘计划，通过政府购买服务等支持方式，从农业乡土专家、种养能手、新型农业经营主体技术骨干、科研教学单位一线服务人员中招募一批特聘农技员，培养一支精准服务产业需求、解决生产技术难题、带领贫困农户脱贫致富的服务力量，支撑贫困地区走出一条贫困人口参与度高、特色产业竞争力强、贫困农户增收可持续的产业扶贫路径。

同时，通知里还明确了招募条件、程序、服务任务以及保障措施。可见，国家政策对农机推广机构的重视力度。根据农技站的工作特点，它应该在农业科技信息服务方面起着主导作用，是农业技术推广的服务主体。

（二）农业科研机构

农业科研机构是农业社会服务化体系中不可或缺的组成部分，是农业科学研究、教育与推广的重要推动者，是农业社会化服务体系中的中坚力量，有着不可替代的作用。农业科研机构的使命与高校、企业有所不同。就国家级农业科研机构而言，它担负着全国农业重大基础与应用基础研究、应用研究和高新技术研究的重任，需要解决我国农业及农村经济发展中基础性、方向性、全局性、关键性的重大科技问题，推动农业科技创新，服务地方经济，培养高层次科研人才，促进国际科技交流合作①。当前，农业科研机构体系主要由国家级科研机构、省级科研机构、高等农业院校和地市级农业科研机构组成。根据我国农业科研机构导览网数据，我国国家级涉农科研机构有 123 家（含中科院涉农科研机构）、涉农高等院校有 56 家、省级涉农科研机构有 99 家、地市级涉农科研机构有 636 家②。但目前，农业科研人员和农民以及农业生产之间不发生直接的经济联系，导致科研成果多，如论文多、专著多等，农业科研水平有很大的进步，但忽视了应用实践，主要体现在农业生产中的可行性和经济上的有利性。在农业科研机构人才队伍的调研中，有数据表明：41%的受访者认为青年科技人员更喜欢在办公室里写论文，不愿意"把论文写在大地上"；更喜欢在实验室做实验，不习惯到田间地头去开展农业实践；更喜欢和知识分子做朋友，不愿意与基层民众或农民交流。约 1/3 的受访者认为，有些青年科技人才虽然基础理论和专业知识扎实，但在农业实践上存在明显短板，且不愿意为此付出时间和精力；有些青年科技人才博士毕业就进入事业单位，端上了"铁饭碗"，尤其是评上高级职称后，得过且过，消极工作。许多青年科技人才认为 SCI 论文才是硬道理，深入农村、农业生产一线是浪费时间，对提升职称和提高待遇没有好处，因此不愿意去实实在在地解决农业生产实践中的科技问题③。鉴于此，农业科研机构应该改革人才队伍的激励机制，施行更加多元化的考核机制，让喜欢在实验室的人就待在实验室做科学研究，让喜欢在田间

① 陈以博，等.地市级农业科研院所人才培养的实践和探索：以江苏里下河地区农业科学研究所为例［J］.农业科技管理，2016，35（1）：94-96.

② 孔祥智，等.新型农业社会化服务体系建设［M］.北京：经济管理出版社，2020：39.

③ 宁云，等.当前国家级农业科研机构青年科技人才队伍建设思考［J］.农业科技管理，2020（4）：78.

地头工作的人就把精力和时间放在农业实践上。无论是实验室还是田间地头取得的成果都应一视同仁，给予认可。这需要制度上的保障，也需要农业科研机构在工作重心上做出调整，从农业实践和利益出发，以农户需求出发把科研成果转化为农业产品，让农户直接获益。农业科研机构里有大量的硕士、博士，他们是农业研究方面最权威的专家，他们在种子改良、土壤优化、农药研究等方面进行大量创新和研究，为农户提供最专业的服务，助力现代农业发展。

（三）农产品质量安全检测机构

随着人们对美好生活的追求，无公害农产品越来越受欢迎，农产品质检结构的工作就越来越重要。食品安全源头在农产品，基础在农业，既是"产"出来的，也是"管"出来的，农产品质量安全检验检测是开展农产品质量安全监管的重要支撑，是保障人民群众"舌尖上的安全"的重要手段。加强农产品质检体系建设与管理，对于提高农业部门公共服务能力、依法履行农产品质量安全监管职责、保障农业产业安全和农产品消费安全具有重要意义。《中华人民共和国农产品质量安全法》规定：从事农产品质量安全检测的机构，必须具备相应的检测条件和能力，由省级以上人民政府农业行政主管部门或者其授权的部门考核合格，并依法经过计量认证合格。目前，我国共有农产品无公害检测机构159家。《农业部关于加强农产品质量安全检验检测体系建设与管理的意见》指出：到2020年，省、地（市）两级农产品质检机构100%通过计量认证和机构考核，70%的县级农产品质检机构通过计量认证和机构考核，全面建成布局合理、职能明确、功能齐全、运行高效的农产品质量安全检验检测体系，满足农产品全过程质量安全监管和现代农业发展的需要①。可见，厚农业部对农产品质检很重视。但农产品检测体系存在检测水平不高、检测人员专业素质不过硬、县级的检测机构建设难度大、资金缺乏等问题，所以在农产品追溯方面还没有足够成熟的平台，农产品追溯体系亟待完善，需要以政府为主导给予支持，实行"政府主导、企业参与、农户配合"的模式，先试点再逐步推进。在生产端，执行省级农产品分类、编码标识、平台运行、数据格式、接口规范等关键标准，全面记录生产信息。在消费端，推广"二维码""一维码""射频码"等以及包装标识管理，确保农产品质量安全追溯管理"统一追溯模式、统一业务流程、统一编码规则、统一信息采集"，给农产品一个"身份证"②。农产品质量安全监测机构是合格农产品的代言人，在农产品优质优价方面要发挥不可替代的作用。

---

① 参见2014年发布的《农业部关于加强农产品质量安全检验检测体系建设与管理的意见》。
② 全全.民革绥化市委会 构建农产品质量安全追溯体系［N］.团结报，2021-1-5（6）.

二、市场

以市场为主导的提供农业社会化服务的主体以农业产业化龙头企业为代表。农业产业化龙头企业是指从事农、林、牧、渔业生产经营活动，以市场为导向，实行自主经营、自负盈亏，具备独立法人资格的营利性经济组织。农业产业化龙头企业具有产权清晰、治理结构完善、管理效率较高、技术装备先进、融资和抗风险能力较强的特征，在高端农产品生产、精深加工、品牌打造、市场营销等各个生产经营环节，都发挥着重要作用[①]。农业产业龙头企业发展至今，已初具规模。有学者分析了2003—2018年一共有八批监测合格、获得国家级重点龙头企业称号的企业获批情况（见表6-3）。

表6-3 2003—2018年国家级重点龙头企业获批数量

年份/批次	数量/家
2003/第一批次	137
2005/第二批次	350
2007/第三批次	541
2010/第四批次	835
2013/第五批次	834
2014/第六批次	1 191
2016/第七批次	1 131
2018/第八批次	1 095

我们由表6-3的内容得出以下结论：第一，从整体层面来看，全国八批国家龙头企业的数量出现先增长后缓慢下降的趋势，其中前六批龙头企业数量一直增长，第六批至第七批、第八批企业数量缓慢下降。四大区域中，东部地区的龙头企业数量占比最高，东北地区的龙头企业数量占比最低，西部地区的龙头企业数量增长率在四个区域之间最高。第二，从全国范围来看，八批龙头企业整体呈现出"局部集聚，大部分地区分散"的特征。随时间的推移，龙头企业集聚范围越来越大，从以北京为核心的京津冀城市群、以上海为核心的长三角城市群以及以广州、深圳为核心的珠三角城市群集聚，到以武汉、长沙、南昌为中心的长江中游城市群集聚与成渝城市群集聚，在城市群中连片集聚的

---

① 李显刚. 新型农业经营主体实践研究［M］. 北京：中国农业出版社，2018：12.

范围也越来越大。这种现象表明了龙头企业在中、西部地区的发展潜力逐步释放。第三，从影响因素来看，资源禀赋更高、经济资本更充足、市场规模更大、交通网络更发达、劳动力更充足和开放程度更高等因素对龙头企业数量的分布有正向的促进作用。相关部门应设计更有针对性的政策，挖掘中、西部地区龙头企业发展潜力，培育专业化人才，促进龙头企业高质量发展，继续提升开放程度，培育更大的市场规模以及突出特色优势，增强区域关联[①]。

三、农户

农民专业合作经济组织是农民自愿参加的，以农户经营为基础，以某一产业或产品为纽带，以增加成员收入为目的，实行资金、技术、采购、生产、加工、销售等互助合作的经济组织，向农户提供产前、产中、产后有效服务，是实施农业产业化经营必不可少的手段。由于农民专业合作经济组织的根扎在农民的土壤中，因此它对农户的服务最直接、最具体，从而成为农业社会化服务体系中不可取代的重要组成部分，成为农业产业化链条各环节得以稳固相连并延伸的生命线。自我管理、自我服务、自我发展，是农民专业合作经济组织的基本特点。其应充分尊重农民主体地位和首创精神，鼓励开展资源要素股份合作、内部信用合作，积极探索自身的合作与联合方式。相关部门应按照"壮大组织、扩张产业、搞活经营、富裕农民"的思路，在促进农业现代化中发展壮大农民专业合作经济组织[②]。而农民专业合作社是最为活跃的，尤其是在2006年《中华人民共和国农民专业合作社法》颁布后。截至2019年年底，依法注册的农民专业合作社有220.1万家。第三次农业普查数据显示，全国农户有2.30亿户，其中规模农业经营户为398.04万户，占全部农户的1.73%；农业经营单位有204.36万个，包括村级单位和乡级单位，其中乡级单位为39 808个，占全部农业经营单位的1.95%；全国农业生产经营人员为31 422万人，其中规模农业经营户和农业经营单位的农业生产经营人员分别为1 289万人和1 092万人，分别占全部农业生产经营人员的4.10%和3.48%[③]。由此可见，以家庭为单位的小农户生产方式仍是我国农业生产的基本组织形式。在此背景下，如何在小农户的基础上实现农业农村现代化和农民增收致富，是实

---

① 易平辉. 国家级农业产业化龙头企业空间分布特征及其影响因素研究 [D]. 吉首：吉首大学，2019：47-49.

② 胡若哲. 坚持规范与发展并重促进农民专业合作组织健康发展 [EB/OL]. (2015-11-06) [2021-06-03]. http://theory.people.com.cn/n/2015/1106/c40531-27784027.html.

③ 参见国家统计局农业普查数据库，http://www.stats.gov.cn/tjsj/pcsj/.

施乡村振兴战略必须要面对的关键课题。通过农民组织化将分散的农户经营整合起来，推动小农户衔接现代农业、进入国内外大市场，是新时代乡村振兴的必然选择①。

《新型农业经营主体和服务主体高质量发展规划（2020—2022 年）》（以下简称《规划》）提到，家庭农场、农民专业合作社、农业社会化服务组织等各类新型农业经营主体和服务主体根植于农村，服务于农户和农业，在破解谁来种地难题、提升农业生产经营效率等方面发挥着越来越重要的作用。《规划》还提及：截至 2018 年年底，农民专业合作社规范化水平不断提升，依法按交易量（额）分配盈余的农民专业合作社数量约是 2012 年的 2.5 倍，3.5万家农民专业合作社创办加工实体，近 2 万家农民专业合作社发展农村电子商务，近 0.73 万家农民专业合作社进军休闲农业和乡村旅游。可见，农民专业合作社在推进现代农业发展中有着巨大的贡献。相对于基本农户和新型农业经营主体中的其他类型来看，农民专业合作社具有 4 个方面的优势：第一，有利于降低生产成本。农民专业合作社提供农资采购、技术服务、科技指导等，通过规模化、集约化优势，既降低了单个社员的生产成本，又保障了生产经营和服务作业的质量。第二，有利于降低交易费用。农民专业合作社替代农户面对外部销售市场，有效地降低了农户与市场的博弈，减少了交易费用。第三，有利于增加农民收入。农民专业合作社有规模的优势，有议价的能力，实现了优质优价。第四，有利于共享收益。农民专业合作社通过"一人一票"、按交易量（额）返还盈余的制度设计，确保所有成员特别是一些贫弱农民成员均能平等地享受服务和收益，起到了帮扶作用②。有学者肯定了农民专业合作社在产业扶贫中的作用，主要包括 3 个方面：一是通过优先销售等产品参与方式增加经营性收入；二是通过雇工作业等劳动参与方式增加工资性收入；三是通过入股农地等资产参与方式增加财产收入；四是通过项目入股等项目参与方式增加转移性收入。尽管如此，不可否认农民专业合作社还是存在一些问题，如市场经营能力不足、内部规范水平不高、用地和信贷限制以及辅导人员数量偏少和技能水平偏低等③。还有学者通过数据分析发现：在全国层面，市场运营能力的下降是农民专业合作社综合经营能力下降的主要原因；在区域层面，农民

① 朱鹏华，刘学侠. 乡村振兴背景下的农民合作组织发展：现实价值与策略选择［J］. 改革，2019（10）：108.

② 李显刚. 新型农业经营主体实践研究［M］. 北京：中国农业出版社，2018：11-12.

③ 邵科，于占海. 农民合作社在促进产业精准脱贫中的功能机理、面临问题与政策建议［J］. 农村经济，2017（7）：120.

专业合作社发展水平得分相对较高的是中部地区，组织生产能力和盈利增收能力得分相对较高的是中部地区，市场运营能力得分相对较高的是东部地区，服务社会能力得分相对较高的是西部地区，而市场运营与盈利增收能力不足是西部与东北地区农民专业合作社能力提升的制约因素；在省级层面，省际差距呈先缩小后扩大态势，主要由市场运营能力差距引致。影响因素研究表明，财政扶持、金融信贷和外力创建均会促进农民专业合作社综合经营能力的提升，其中财政扶持效果最优①。农民专业合作社根植于农户，服务于农户，在农业产前、产中和产后服务有着天然的优势。

第二节　农业社会化服务内容和质量存在缺陷

农业社会化服务由其不同主体提供，这就导致服务主体决定内容。我们根据相关文献整理，对服务内容进行划分（见表6-4）。

表6-4　农业社会化服务主体及其服务内容

服务主体大类	服务主体细分	主导的服务内容
政府主导的服务主体	农技站	农业技术推广服务、农业信息化服务等
	农业科研机构	种子改良、土壤优化、农业专业咨询以及专业技术服务等
	农产品质量安全检测机构	农产品合格检测和农产品分类、提高农产品附加值等
市场主导的服务主体	农业产业龙头企业	生产作业服务、生产资料供应以及农产品加工、流通和销售等
农户自助式的服务主体	农民专业合作社	生产资料供应；生产作业服务，如产前（翻地和播种）、产中（施肥、消杀和收割）、产后（农产品销售）服务

注：数据来源参见杨丹、刘自敏所著的《农民合作经济组织在农业社会化服务体系中的作用研究》一书。

一、政府主导提供的服务不足

政府是农业社会化服务最基础的主体，主要提供农民解决不了、市场和社

---

① 杨林，李峥. 乡村振兴背景下农民专业合作社经营能力评价与提升路径研究［J］. 山东大学学报（哲学社会科学版），2021（1）：152.

会提供不了的服务。其提供的是公共产品，具有非排他性，如农业信息化、农业科技服务等，目的不是自己获利，而是振兴农村。当然，政府的资源也是有限的，根据资源有限性理论，政府在提供农业社会化服务时会进行衡量和选择，这种选择主要依赖于国家财政的支持。这种支持主要体现在两个方面：一是资金投入水平；二是资金运用效果。近几年，随着国家对农业问题重视程度的提高，农业社会化服务的各项投入也逐年增加。但是，随着经济的发展，新型农业社会化服务体系的发展对资金的需求也越来越大。从目前发展形势来看，资金仍是供小于求。这种情况就会导致服务不充足问题。除此以外，农业公共服务机构在执行层面存在服务定位不准确、盲目追求政绩而忽视农户的实际需求等问题，往往造成巨大的人力、财力、物力浪费；农业社会化服务供给严重不平衡，对于产前、产中服务很重视，却忽视了产后服务，造成我国农产品附加值低以及农产品加工业发展滞后；此外，许多机构服务人员缺乏责任心和使命感，并没有树立"全心全意为农服务"的思想，工作中的积极性不高，服务效果不显著。总之，公共服务机构总体服务效率低下，导致新型农业社会化服务水平大打折扣①。

农技站是农业技术推广的主力军，直接关系到我国农业产业化和现代化的发展。但从当前我国农业科技推广队伍的建设现状而言，基层农技推广人员作为联系农民的"最后一公里"以及推广农业技术和农业信息的主力军，其作用发挥得并不明显，特别是队伍建设存在一些不容忽视的问题，如人员结构性矛盾突出、队伍稳定性不足、专业素质偏低和工作条件较差等。除此之外，农技员深入田间与农户直接接触较少，工作停留在表面并不深入，从而使农户对农技站的服务不满意。由于农业科研机构考核的方式单一，重论文、轻实践，从而使农业科研机构论文数量较多，但种子改良、土壤优化和因地制宜转化实践的成果较少，服务农户不到位，农户得到的实惠较少。农产品安全监管服务还停留在最初级的阶段，尤其是县域农产品监管服务。农产品数量多，异质性强，对检测技术和设备要求高，需要不断完善监管体系；检测的相关高端人才少、经费不足等问题导致很难实现农产品分类等工作，这就会直接导致不同农产品均为一个价格，不能实现优质优价，提高农产品附加值。长此以往，会影响农户对有机农产品种植的积极性。

---

① 殷秀萍，王洋. 构建新型农业社会化服务体系的影响因素及解决对策 [J]. 学术交流，2013（5）：148.

二、市场主导提供的服务不完整

明晰的私人产权是构成市场交易契约的微观基础。正是由于产权具有排他性，因而要取得交易对方的使用价值必须在自愿的基础上进行；正是因为这种具有排他性的所有权可以转让，因而可以通过交易方式互通有无；正是由于产权的拥有可带来相应的收益，因而交易应按有偿的原则进行。因此，具有私人物品性质的农业社会化服务的供给可以采用市场化的机制，通过价格来弥补成本，并获得利润①。这就决定了市场主导提供的服务具有利益倾向，没有利润就没有服务。据原农业部第七次监测合格农业产业化国家重点龙头企业统计（数据截至 2016 年年底），我国合格农业产业化国家重点龙头企业总共为1 131 家。农业产业化龙头企业是产业化经营的组织者，一端与广大农户链接，另一端与流通商或消费者链接，充当着农产品供需市场的桥梁，同时也是产业化经营的营运中心、技术创新主体和市场开拓者，在经营决策中处于主导地位，起着关键枢纽的作用。农业上市公司是农业产业化龙头企业的重要部分。截至 2017 年年底，我国上市公司合计有 3 034 家企业，涉农类（不包含茶类）企业合计为 121 家，占比约 4%。其中涉农制造业 69 家，农业 52 家。在我国的农业上市公司中，食品制造业占涉农类上市公司的 31%，食品加工业同样占涉农类上市公司的 31%，两类农业企业占所有涉农类上市企业的 62%，这表明我国农业产业化龙头企业主要分布在食品制造业和食品加工业。另外，农业产业化龙头企业分布地区不均，据统计，东部沿海地区有 31 个龙头企业的营业收入高于 100 亿元，占比为 63%；中部地区有 13 个龙头企业的营业收入高于 100 亿元，占比为 27%；西部地区有 5 个龙头企业的营业收入高于 100 亿元，占比为 10%②。数据所显示出来的农业产业化龙头企业在食品制造业和食品加工业的居多，关注种植业和生产资料的较少。可我国是最大的种子需求国之一，2015 年我国种子市场总规模约为 1 150 亿元，居世界第二。虽然 2004—2016 年的年均粮食总产量实现 12 连增，但 2.8% 的年均增速远低于饲料产量16.1% 的年均增速，而且随着 2016 年的粮食减产，供求紧张越发明显。在耕地总面积和有效劳动力总量难以大幅提高的背景下，提高粮食单产水平成了唯

---

① 杨丹，刘自敏. 农民合作经济组织在农业社会化服务体系中的作用研究 [M]. 北京：科学出版社，2019：53-54.

② 参见前瞻产业研究院数据分析结果。

一的出路，因此我国对增产贡献率最高的良种需求是非常迫切的①。以盈利为目的提供服务的龙头企业由于种粮研发周期长且收益慢而不愿意投入。我国西部地区由于资源、经济等制约，引入优质企业难度大。东、中、西部地区应树立全国"一盘棋"的理念，相互协作、信息共享，共同助力农户增收致富。另外，相关部门还要引导有实力的企业建立自己的研发中心，或者与相关科研机构合作，积极将科研成果转化成实际成果，做大农业产业这块大蛋糕，不仅使自己的业务多样化，还能助力农户增收致富，为乡村振兴做出更大的贡献。

三、农户自助式服务水平有限

农民专业合作组织由农民联合互助、化解小农户走入大市场难题的组织，升华为推进农业供给侧结构性改革、助推乡村振兴的内生力量。有学者分析了小农户融入现代农业的困境：一是产前环节土地要素的细碎化问题。从 1980 年实行家庭联产承包责任制以来，各地农村普遍按照土地等级分层均分土地，形成一家多块田地的农地细碎格局。而在 20 世纪八九十年代，农地细碎的格局与以人力、畜力投入为主的传统农业模式相适应，是满足农民平均土地诉求的合理方式。伴随农业生产方式的改进和农业投入劳动力的"去过密化"过程，在当前农业机械化普遍推行的背景下，细碎的农地格局一方面造成农业劳动力的人力损耗，另一方面使农业机械的利用效率大大降低，这在很大程度上制约了农业的适度规模经营和农业现代化的推进程度，如何整合细碎的土地格局成为推进农业现代化进程的关键。二是产中环节农业社会化服务的规模化与技术化供给。在农业机械化和科学技术种田背景下，如何提高规模的农技服务水平和植入现代农业理念是小农户面临的一个难题。三是产后环节小农户和销售大市场的对接难题。小农户在市场经济体系中因为信息不对称往往处于弱势地位，实现小农户与大市场的有效对接是农业经济领域的难题和重点。在实践中，小农户因自身难以掌握市场价值规律而盲目跟风的现象普遍存在，往往造成供大于求的滞销亏损或价格劣势②。

还有学者从农民专业合作经济组织的初始条件分析其发展困境：一是从事农业生产经营的农民年龄大、文化程度低，具备企业家才能的农民专业合作经济组织带头人和管理人才严重匮乏。第三次全国农业普查数据显示，全国农业

---

① 佚名. 2017 年中国种子企业数量及粮食总产量分析 [EB/OL]. (2017-12-02) [2021-07-18]. https://www.chyxx.com/industry/201712/588678.html.

② 韩庆龄. 村社统筹：小农户与现代农业有机衔接的组织机制 [J]. 南京农业大学学报（社会科学版），2020（3）：36.

生产经营人员 55 周岁以上的占 33.6%，35 周岁以下的仅占 19.2%，受教育程度在高中（中专）及以上的占 8.3%，大专及以上的仅占 1.2%。从整体来看，当前农民的文化素质不高是造成合作意识不强、合作组织经营管理能力弱、创新能力不足的主要原因。二是农业科技及经营水平普遍较低。一方面，参加农民专业合作经济组织的小农户生产方式依然相对落后，与发达国家的现代农业生产方式差距较大；另一方面，农民专业合作经济组织绝大多数仍以初级农产品为主，产业纵向一体化比例较低。三是农户异质性问题突出。通过对初始条件的考察，就不难理解在农民专业合作经济组织大量涌现的同时，出现了所谓"假合作""精英俘获""大农吃小农"等现象。除此之外，一些地方政府为了推进农民专业合作经济组织的快速发展，"诱导"城市工商资本或龙头企业参与合作组织，一些合作组织的农民实质上被资本雇佣，农产品加工和经营环节的利润的大部分也被资本抽走。这不仅造成农民专业合作经济组织益贫性的嬗变，还导致农村资源的加速外流①。另外，根据第三次全国农业普查公布的数据，2016 年年末全国有 20 743 万个农业经营户，其中仅 398 万个规模农业经营户，占全部农业经营户的 1.9%。另外，规模农业经营户和农民专业合作社等农业经营单位实际耕种的耕地面积占全国实际耕种的耕地面积的 28.6%，尚难以取代兼业小农户的主体地位②。对于占据了我国农业经营主体的绝对多数的小农家庭经营来说，它们对农业社会化服务的需求往往呈现"点多、种类广、规模小、价格敏感性高"等特点，这种需求矛盾极易造成"亲大户"的问题③。这是资源配置市场化的必然结果。在这样的大背景下，农业产业化龙头企业由于成本问题会选择服务"大户"，政府提供的非排他性服务显然是不够的。所以农户自助式服务应运而生。作为农业经营主体的家庭农场和农民专业合作社以及农业经纪人找到了"业务"的源头，这是一个看似分散的"大市场"，靠着邻里之间天然的信任，能把"业务"做起来。已经有学者提出"龙头企业+农民专业合作社（家庭农场）+小农户"模式。在这一过程中，农户自助式服务有自身天然的优势，但也有无法避免的劣势，如技术人才缺乏、信息化素质不高等，总之受到传统自给自足农业生产的影响，农户还没有树立起较高的服务意识。

---

① 朱鹏华，刘学侠.乡村振兴背景下的农民合作组织发展：现实价值与策略选择 [J].改革，2019（10）：112-113.

② 芦千文，文洪星.农业服务户分化与小农户衔接现代农业的路径设计 [J].农林经济管理学报，2018，17（6）：652.

③ 马小龙.双向嵌入：小农户和农业社会化服务体系有机融合的新视角 [J].农业经济，2020（1）：7.

第三节 农业社会化服务的供需存在的问题

一、农户对农业社会化服务的需求分析

从表6-5可知，农户在服务内容的需求依次是农业技术、农产品销售、农业生产资料采购、农业信息、农业基础设施建设、农业金融和农业机械。排在前四的是农业技术、农产品销售、农业生产资料采购和农业信息。这与农户信息化素质有关系。随着互联网的普及，网络平台提供的农业信息随时可以学习、捕捉和提炼，可农户在这方面还有所欠缺。以重庆为例，笔者带领课题组曾在2015年对重庆城市发展新区的4个区域中的每个区域选择一个乡镇实地调研。我们共发放问卷260份，回收有效问卷245份，分别为：潼南区54份、铜梁区60份、永川区69份、璧山区62份，回收率为94%。通过调查发现，农户对网络的使用停留在休闲娱乐和了解时政新闻上，还没有意识到互联网对农业生产经营产生的影响。所以，他们接触网络的意愿不足以及对网络平台的不信任，导致其不愿意通过平台宣传和售卖农产品，依然选择传统的朋友、邻里宣传（见表6-6、表6-7和表6-8）。从这样的情况可以看出，我国农业技术推广工作做得还不够，满足不了农户的需要。在"互联网+"的背景下，不会利用大数据分析，依然靠传统的采购和售卖的方式毫无疑问会受到局限，导致农户不能顺畅地对接市场，最终交易成本过高。当然，农产品销售和农业生产资料的采购会成为农户最为迫切需求的服务。

表6-5 农业社会化服务需求

不同类型农业社会化服务	迫切需要/%	比较需要/%	一般/%	不太需要/%	完全不需要/%	需要程度均值排序
农业技术	44.67	37.31	14.97	2.79	0.26	1
农产品销售	44.92	35.79	15.23	2.79	1.27	2
农业生产资料采购	27.16	46.95	21.83	3.55	0.51	3
农业信息	31.73	35.03	23.10	8.63	1.51	4
农业基础设施建设	29.44	39.85	22.34	4.06	4.31	5
农业金融	28.75	29.01	24.94	10.94	6.36	6
农业机械	13.74	40.46	27.99	10.94	6.87	7

注：该表数据参见杨丹、刘自敏所著的《农民合作经济组织在农业社会化服务体系中的作用研究》一书。

表 6-6　网络用途

网络用途	选择人数/人	占比/%
了解时政新闻	136	55.51
休闲娱乐	167	68.16
聊天	121	49.39
生产经营	21	8.57
购买生产资料	26	10.61
出售农产品	12	4.88

表 6-7　农户对农业平台的使用意愿和使用情况　　　单位:%

选项	您想在网络售卖农产品吗?	您愿意在网络上售卖农产品吗?	您使用过农业信息平台吗?	您拨打过农业咨询热线吗?
是	15.92	4.08	21.63	13.47
否	81.63	95.92	80.41	86.53

表 6-8　农产品的宣传方式

农产品宣传方式	选择人数/人	占比/%
网站平台	13	5.30
信息服务站	20	8.16
朋友、邻里宣传	161	65.71
政府帮助	83	33.88
其他	46	18.76

从表 6-9 的数据可知,农户在不同生产环节的服务需求依次是农业产前服务、农业产中服务和农业产后服务。进一步分析发现,在产前服务中,农户非常迫切需要的是种子、种苗、种畜等供应和生产计划安排服务;在产中服务中,农户最迫切需要的是生产管理、疾病防治和农产品质量检测服务;在产后服务中,农户最迫切需要的是农产品销售服务[1]。这与上面表 6-5 的数据分析是吻合的,产前是对生产资料的需求,产后是对农产品销售的需求,而在整个

---

① 杨丹,刘自敏. 农民合作经济组织在农业社会化服务体系中的作用研究 [M]. 北京:科学出版社,2019:68-70.

过程中，农户对农技服务的需求贯穿始终。

表 6-9　不同生产环节农业社会化服务

不同生产环节农业社会化服务	迫切需要/%	比较需要/%	一般/%	不太需要/%	完全不需要/%	需要程度均值排序
产前服务	37.91	44.27	12.98	4.59	0.25	1
产中服务	32.23	52.03	12.69	2.28	0.77	2
产后服务	24.36	37.44	20.26	15.38	2.56	3

注：该表数据参见杨丹、刘自敏所著的《农民合作经济组织在农业社会化服务体系中的作用研究》一书。

二、农业社会化服务供给现状分析

农业社会化服务发展至今，其组织数量增长较快，公共服务机构、农民专业合作社、产业化龙头企业稳步增长；各类组织服务能力有所提高，公共服务机构的工作有所改善，农民专业合作社规模扩大且服务能力显著提高，产业化龙头企业辐射能力提升；各农业社会化服务组织有新亮点，服务领域各有侧重[①]。有学者从农业社会化服务供给主体分析得出结论：政府主导提供的服务满意度更高，主要体现在收费合理、服务人员素质高等方面。农民专业合作经济组织服务收费合理且服务更能满足农户需求。企业在收费、服务人员素质、服务是否满足需求方面满意度相对较低。总体来说，企业的满意度相对于政府和农民专业合作经济组织来说，满意度相对较低[②]。在农业社会化服务的供给主体中，政府依然是主导，农户对政府和身边的合作社等组织有着天然的信任，不仅如此，农户对于服务收费有很强的敏感性。据调查，以重庆为例，超过70%的农民对信息获取是不愿意付费的，即使他们知道这有可能会影响到自家农产品的种植、价格和上市的时机，这与多年来养成的"信息是不需要花钱的"消费理念密不可分[③]。这对于以盈利为目的提供服务的企业来说，要获得极高的满意度很难。但龙头企业相对于其他服务主体更擅长捕捉市场信息并利用市场信息，让农户在增收上有明显的提高是其获得满意度的因素之一。因

---

① 燕庆，等. 农业社会化服务体系发展状况分析：来自全国农业社会化服务监测县的监测 [J]. 农村经营管理，2012（11）：18-20.

② 杨丹，刘自敏. 农民合作经济组织在农业社会化服务体系中的作用研究 [M]. 北京：科学出版社，2019：85-86.

③ 参见笔者对重庆的农村信息化调研。

此，有学者提出，由于不同的服务主体有着不同的农业资源禀赋，相关部门需紧密结合其个性需求建立农业社会化服务供给模式。他们通过整理发现，不同地区的农业社会化服务的供给主要有五种模式，并分析各模式的优劣，指出要正视资源禀赋差异，建立合理供给模式，保证农产品安全；注重顶层设计，系统推进；处理好政府与市场间的关系①。毫无疑问，"政府+市场+其他"的供给方式能有效地满足农村经济发展的多方面、多层次和多变化的信息需求。

从供需的结构上看，大量学者通过实证的方式发现农业社会化服务在供需上存在的问题。例如，有学者对常州市 12 个村的 178 名农户进行了调研，发现农户对于信息服务与销售服务有着较强的需求但并未得到有效的满足，因此提出加强信息服务与销售服务的主体建设②；有学者对新疆 784 户农户进行了调研，发现农业信贷服务、农资供应服务、农业技术服务、农业流通服务等方面的供需都存在较大的差异，因此提出要加大资金投入力度、完善农资服务渠道、加大技术服务力度、完善农产品销售渠道等对策建议③；有学者则基于湖北省 18 个乡镇 310 名农户进行调研，发现目前农户更需要的是产前、产中、产后的一体化服务，但实际中农业社会化服务的供给仍集中在产中服务阶段，不仅形式与内容单一，而且还缺乏针对性，基于此提出要加强农业社会化服务多元化主体建设④；还有学者对新疆尉犁县 3 个乡 9 个村的 230 名棉农进行了调研，发现农业社会化服务供需结构存在一定程度的不均衡性，因此提出培养合格的农技服务人员、改进农村信用合作社服务体制、扩大农业社会化服务范围和加强专业技能培训等建议⑤。

① 蒋永穆，周宇晗. 农业区域社会化服务供给：模式、评价与启示 [J]. 学习与探索，2016 (1)：102-107.

② 王迪，等. 常州市农业社会化服务供需分析 [J]. 中国集体经济，2012 (22)：6-7.

③ 周风涛，余国新. 不同区域视角下的农业社会化服务供求分析：基于新疆 784 户农户的抽样调查 [J]. 广东农业科学，2014，41 (22)：217-221.

④ 马伦姣. 湖北省农业社会化服务供求现状调查分析 [J]. 合作经济与科技，2015 (22)：10-11.

⑤ 尹军军，余国新. 农业社会化服务需求和供给的均衡分析：基于尉犁县 211 户棉农的调查 [J]. 湖南农业科学，2015 (8)：99-103.

第七章　国外农业社会化服务体系建设借鉴

在世界各国的农业中，虽然已经出现了很多特大型的公司农场或农业企业，但从总体上讲，以家庭为单位的农业经营在大多数国家普遍存在。即使是在公司农场比较发达的美国，家庭农场也占到农场总数的90%以上。对于农业生产来说，家庭经营在很多方面具有特别的适应性，但同时由于家庭经营自身具有较多的局限性，孤立的单个家庭难以适应市场的变化。各国的农业社会化服务体系在这样一种环境下，为了解决上述矛盾而在生产发展的过程中逐步形成和壮大起来的。

农业社会化服务体系是运用社会各方面的力量，使各类农业生产经营单位适应市场经济的需要，克服自身规模狭小的弊病，获得专业化分工和集约化服务规模效益的一种社会化的农业经济组织形式。农业社会化服务体系的产生把家庭小规模生产联结起来形成社会化的大生产，把家庭小范围的经营和整个社会的大市场联系起来，推动了各国农业和整个社会的经济发展。随着农业现代化和商品经济不断向高度化推进，不仅是农业家庭经营离不开农业社会化服务体系，即使是规模巨大的私人公司农场或国营、集体农场等的经营与发展，也越来越依赖于农业社会化服务体系。

任何一种体系的建立必须与其本身所处环境相契合才能体现其最大的优势，因此不同国家、不同地区间的农业社会化服务体系在一定程度上有差别。同时，我们也能从其他国家或地区建立的农业社会化服务体系中找到和中国国情相适应的模式，以完善我国的农业社会化服务体系。因此，我们能从美国、日本以及一些发展中国家的社会化服务和农业发展情况中得到一些启示。

第一节　美国农业社会化服务体系建设

美国现代农业的成功离不开高度现代的农业社会化服务体系，这是美国农业保持可持续发展的重要原因之一。19世纪中叶，美国农业开始从自给自足型农业向商品型农业转轨，由此也开始了美国农业社会化服务体系的萌芽①。截至1940年年底，美国农业步入以工业化生产为特征的高度发达阶段后，美国农业的社会化服务体系也进入成熟期，最终成为美国现代农业经济的一个极为重要的组成部分。美国农业是机械化的科学的现代化农业，其农业社会化服务体系历经了百余年后，已经趋于成熟和高度市场化，具有独特的优势和显著的特点，主要体现在五个方面：①科学的农业社会化服务体系；②完备的农业科技发展与管理体制；③全面的农业支持政策；④健全的食品安全保障体系；⑤高效的农产品流通途径②。

经过一百多年的发展，美国农业社会化服务体系的构成是多层次性的，主要有国家层面的政府系统，也有社会层面的合作服务机构及私人公司等系统③。三者之间相辅相成、优势互补、自我发展。

一、政府服务系统——公共农业服务系统

美国公共农业服务系统由联邦和州两个层次组成，主要由农业部下属的农业研究局、农业推广部门及州级合作部门，还有各州立大学农学院、州立农业试验站及各县农业推广等部门共同构成，其职能是在联邦财政的支持下，积极开展农业科技、金融及信息服务，为农业生产提供指导④。具体来说，美国农业部主要负责以下服务内容：

第一，通过农业协助部门为条件差的农场主提供信用担保，帮助受自然灾害的农场恢复生产，为小麦、玉米等谷物类及大麦、烟草、糖和棉花等的生产者提供贷款，对灾区农民提供各种紧急援助，帮助美国农场主及牧场主谋求良好生活等。

---

① 孙明. 美国农业社会化服务体系的经验借鉴 [J]. 经济问题探索，2002（12）：125-128.

② 许先. 美国农业社会化服务体系的经验和启示 [J]. 山东大学学报（哲学社会科学版），2003（4）：124-128.

③ 吕韬，陈俊红. 发达国家现代农业社会化服务体系建设对我国的启示 [J]. 广东农业科学，2011（20）：175-180.

④ 宋莉，靖飞. 美国农业社会化服务现状及其对我国的启示 [J]. 江苏农业科学，2012，40（6）：10-11.

第二，通过国外农业服务部收集、分析、传播国外的各种信息，包括全球的供应与需求、贸易趋势、新的市场机会等，促进美国对外农业贸易，帮助国际经济发展。目前，美国已与100多个国家建立了联系。

第三，通过风险管理机构提供各种谷物保险以保证农业生产的稳定性，联邦政府承担由于自然灾害如干旱、冰雹、大风、冰冻、水灾、台风、龙卷风、雷电、疾病等造成的损失。

第四，通过食品安全与检验部门保证食品安全。

第五，通过动植物检疫部门杜绝境内外动植物疾病的传播。

第六，通过自然资源保护部门保护农业自然资源（如水源、土地、国家森林资源等）。

第七，通过农业部所属四大研究中心进行农业科学研究。

第八，通过在州立大学建立农业推广站及农业实验站，加强与州立大学的合作。

另外，农业部还提供全国农业统计服务，按时收集、整理发布国家和州级的农业统计数据，帮助许多发展中国家发展统计数据的信息服务。在政府服务系统中最为突出的亮点是各州立大学农学院的服务，农学院与农业试验站、农业推广站紧密结合，形成了农业教育、农业科研及农业推广"三位一体"的服务体系。美国"三位一体"的农业社会化服务模式是一种典型的以政府领导、农业院校参与的农业社会化服务模式。"三位一体"的农业社会化服务模式使农业的教育、科研和推广紧密地联系到一起，即由农学院负责农业教育、科研和推广工作。农学院的教师必须同时承担教学、科研及农业推广职能，三种职能相互促进，关注农业生产实践，在农业生产实践中提升农业科研质量，进而更好地培养农业人才。这种农业社会化服务模式使农学院与农户之间联系密切，使农户更加容易接受新的科学研究，对农业科学成果运用到实际生产中发挥了很大的作用。

政府部门主要负责交通运输、科研和推广、农业保险等基础设施服务，很少直接通过行政手段干预农业发展，其对农业的支持主要是通过服务实现的，如加强农业基础设施建设、为农业发展提供信贷资金、创造完善发达的流通体系等。例如，加州大学汉森农业推广中心，主要开展涉农合作和技术推广公共服务，包括维护贸易平衡、保护生态和农产品安全、提升农民种植技术等。

美国的公共农业服务系统是建立在三个重要的农业立法基础上的，即1862年制定和通过的莫里尔法（赠地学院法），由此奠定了美国高等农业教育和科研的基础；1887年建立的海琪法案（农业试验站法）及其后制定通过的一系列与农业研究有关的法案，规定了基本研究目标和职责，并定期报告研究进展。值得注意的是，该法案修正案还明确规定，每笔拨款中用于销售研究的部分不得少于20%。1914年制定和通过的斯密—利弗法（农业推广法）及此后颁发的9个有关农业推广工作的法令，促进了与农业、家政有关的实用信息在农村的传播，为农民提供免费指导、示范服务等。一个多世纪以来，美国通过立法手段，形成一个完整的"农业教育→农业科研→农业推广"的公共农业服务体系，在其发展的过程中，由为农业服务推展到为农民服务，不仅提供农业教育、科研服务，还提供家政、农村青年发展服务，使公共农业服务系统更加充满活力，为美国的农业成长做出了巨大贡献。

二、农业合作社

农业合作社不仅是联系农民和市场的纽带，也是农民组织起来，规避市场风险、保护农民利益的合作经济组织。合作思潮起源于18世纪的欧洲。这种组织合作社来维持弱小者共同利益的做法，很快引起美国农民的重视（经由合作社组织农民集中资源共同行动，经营以个人力量无法独自支撑的事业，谋求生存与发展，合作社的主要经营内容包括低价提供农业生产资料、提供生产技术服务、组织农副产品销售，以及为农村提供电力、电话、医疗等方面）。所以美国的农业合作社历史悠久，迄今不仅在营运上自成规模，发挥保障农民权益、安定农村的社会功能，而且在美国的农业现代化过程中还扮演着重要的角色，其政府的公共政策、完备的组织框架及企业化经营方式，确实颇有值得我们思考、借鉴之处。

美国的农业合作社类型多样，主要涉及营销及流通领域，可以分为供销、信贷及服务合作社等，每一种合作社的功能是单一的，不具有综合性。在这三种类型中，供销合作社是最重要的，也是最具实力的。供销合作社又可以分为三种形式：①供应合作社，专门提供农业物资采购；②销售合作社，专门负责农产品的销售；③供销服务合作社，专门提供农产品供销社会化服务。多层次的农业合作社在不同范围内开展业务，为美国农民提供各种形式、不同业务内容的服务。地方性合作组织则以其服务半径的辐射能力开展营销、供应、植保、金融及特殊项目（电脑技术、通信、电力、医疗、土壤测定和保护）等方面的小区域服务；而区域性、全国性的合作组织则以规模效益见长，从流通、生产两个方面来降低农民的经营成本；至于国际性的农业组织，其成员则扩展至国外开展更为广阔范围的活动。美国各类农业合作社从基本功能来看，均为经济性质的组织，以增进农民经济地位、提供各项服务、促进营销秩序、维护农民权益、保护自然资源为主要宗旨，且兼具表达农民意见、影响并促成保护农民的法律和政策的功能。所以美国的农业合作组织并非仅为农民谋求福利，其更重要的社会责任是在于从经济方面为农民和私人经营的企业相抗衡提供保证。

三、私人公司

美国的农业社会化服务体系中，与合作社经济相比，私人服务公司占据主体地位，其中实力比较雄厚的有 ADM、邦吉嘉吉等跨国农业服务公司，它们已经成为美国农业社会化服务体系的重要力量[①]。这些企业为农业发展提供全面而完善的加工、运输、物流及购销服务，甚至在一定程度上也承担着农业科研和技术推广及教育的职能。私人服务系统是通过农业生产资料的供应、农产品后续加工及销售服务将其与农场主结合为一体。在为农业服务的过程中，私人系统能够及时客观地为农场主提供市场信息，可以有效地调节农业生产结构，保证农场主少走弯路。

美国拥有一批具有世界规模的农业企业，它们组成的私人农业推广服务系统实力大、效率高。该系统包揽了产前、产后和产中的绝大部分，甚至还提供某些教育、科研和推广方面的服务。私人农业服务体系主要由从事农机、化肥、农药、种子[②]等农用物资的生产和供应的企业，以及从事农产品运销加工活动的私营企业组成，典型形式是农工综合体，通过签订供销合同和垂直一体化，把农用物资、农产品运销加工和耕作、防疫、收制等产中的全部或部分联结在一起。这系统分别通过后向一体化和前向一体化两个方面展开服务活动。后向一体化主要是农用物资供应商与农场主的结合，而前向一体化则是加工、销售企业与农场主的结合，私人公司的协调组织作用，在前向一体化中发挥得尤为突出。美国农业的私人服务系统，在客观上适应了生产力发展和生产社会化的要求，因此对美国农业经营管理方式的变革、推动产业结构高级化乃至农村社会经济发展等方面，均起了重大的作用。

美国农业社会化服务当前有三种形式："公司+农场""公司+农户"和合作供销。这三种形式涵盖农业生产的整个过程，共同为农业生产提供社会化服务。其中，"公司+农场"模式主要体现在农产品加工销售领域，农产品的

---

① 杨奂，余国新，闫艳燕. 发达国家农业社会化服务模式的经验借鉴 [J]. 世界农业，2014（6）：155-157.

② LOCH D S, BOYCE K G. Balancing public and private sector roles in an effective seed supply system [J]. Field Crops Research, 2003, 84: 105-122.

加工销售由私人公司或国有公司负责经营，农场为公司提供稳定的农产品来源，实际上是农场自身已经被纳入公司之中，就好比是公司众多生产车间中的一个环节，公司与农场之间的关系非常密切。"公司+农户"模式可以存在于多个领域之中，既可以体现在生产前的生产资料购买上，也可以体现在生产后的农产品加工销售上，但是这种关系不同于"公司+农场"。公司与农户之间的关系是一种纯粹基于合同形成的互惠互利的商业关系，公司基于合同为农户提供农业生产资料或农户基于合同为公司提供农产品等。合作供销主要是由各种类型的农业合作社提供服务，其中专业合作社一般只负责采购、销售及物流服务；综合性合作社业务对象广泛，不但可以提供采购、销售、物流服务，还提供信用合作、互助保险等服务。

美国私人农业服务组织之间各有优势、相互补充、彼此配合，由于它们动员了全社会一切愿意为农业服务的积极因素，因此随着农业生产的发展，农业社会化服务体系得以较快地形成，并有效地运转，从而对农业和农村经济的发展起到重大的推动作用。

第二节　日本农业社会化服务体系建设

日本是一个国土面积狭小但是农业现代化程度较高的国家，其农业生产方式与欧洲、美国不一样。日本农业以小农经济为主，农业经营规模较小，但是其农业社会化服务具有较强的组织性和较高的效率。为日本农业发展提供社会化服务的主要是日本政府与日本农业协同组合（以下简称"农协"）。在日本，农协是提供农业社会服务体系的主体力量，在农业生产的整个过程之中为农民提供全方位的服务[①]。农协是日本规模最大、影响最广的农综合性合作社，日本全国大概有99%的农户都加入了农协。农协由参加者投资入股筹集资本并成立董事会，再由董事会选择经理人负责具体的经营业务，农协职员由经理招聘并领取工资，农协经理人利用农协的生产加工设备、储藏设施、运输系统、销售系统等为社员提供服务，并为农协赚取利润。农协在部门设立、治理结构和经营活动等方面与普通企业基本一致，是一个经济实体，具有鲜明的企业性质。

[①]　高峰，赵密霞. 美国、日本、法国农业社会化服务体系的比较 [J]. 世界农业，2014（4）：35-39.

农协具有广泛的群众基础,与农民之间的关系十分密切,其服务内容也很广泛,主要有销售服务资金服务、生产资料供应服务、生产作业服务、农产品流通服务和指导服务等。

日本农协的销售服务有四种形式①,分别如下:

第一种形式,农户将生产出的农产品直接交给农协去统一销售,再根据市场销售情况和农协进行结算。

第二种形式,农户事先跟农协进行有关于产品等级、价格、出售时间和费用等问题的协商后,再将农产品交给农协销售。

第三种形式,农协充当中介,为农户寻找合适的购买对象,并不接触农产品,而是在产品完成交易后收取一定的手续费用。

第四种形式,农协代替政府向农户收购大米、豆类等农产品。

农协的资金服务主要是向社员提供低息贷款服务。在日本农民借款中,农协系统提供的贷款占到60%以上,如果再加上农协系统经办的对农民财政贷款这一比重,则达到80%以上。当一般的金融机构不愿意为农业生产发放贷款时,农协可以为农民提供融资服务。日本农协有自己的金融机构,主要是信用合作社。信用合作社在信用合作的过程中吸收农民及城市小生产者的一些闲散资金,通过这种吸收存款的方式为农户提供低息贷款。信用合作社还可以在证券市场发行"农林债券"募集资金为农户提供贷款。除了信贷服务之外,日本农协还为农民提供农业保险服务。日本农协的保险体系分为两个层次:第一级是基层的村、町、市的农业共济会,是基层的一种农业合作组织;第二级是县、府、道、都的农业共济联合会,是一种农业合作组织,但也是一个重要的过渡性机构。其一方面要接受基层共济组织的再保险业务,另一方面又将一定比例的保费上缴上一级的农林共济再保险特别会计处进行再保险,它的职能是对上、下两级进行再保险业务。

日本农协的生产资料供应服务主要体现在农协的有关机构每年都会根据相关部门的预测情况将本年度的气象预报、病虫情况等内容通报给农户,并以此促使农户和农协沟通生产资料的订购数量,农协也会保质保量地向农户提供生产资料。为了改变农户在购买农业生产资料时的弱势地位,日本农协在农户购买生产资料的过程中扮演中间人角色。农协代表农户与生产资料供应商展开谈判,谈判结束后,农协直接购入生产资料,然后再将农业生产资料按照原来购

① 顾瑞兰,杜辉.美国、日本农业社会化服务体系的经验与启示 [J].世界农业,2012 (7):7-10.

入时的价格卖给农户，这样就避免了农民在市场上的弱势地位。一般而言，通过农协谈判购买的农业生产资料比农民自己购买的价格要便宜。除了在价格上的谈判之外，农协还保证农业生产资料的质量，确保农业生产资料的安全，农协在购买生产资料之前要进行检验，检验合格后才购买，如果不合格，会与厂家协商，提出改进意见；否则，农协可以拒绝购买，从而保证了农民利益的最大化。

在生产作业服务方面，日本农协利用自己拥有的设施向农户提供种子、水稻育秧及农业机械租赁服务，还承包农户的经营，接受农户的农业生产作业委托任务，有的还有代耕队，帮助农户耕作；另外，还组织农户之间的生产协作。

在农产品流通服务中，日本有着发达的农产品加工技术，且农产品市场需求量大。但是日本是家庭小农式经营，农户在农产品流通过程中往往对市场行情不了解，此时农协就承担了农产品流通的职能，成为流通服务的提供者。农协在流通领域的服务主要是通过以下两种方式实现的：第一种是通过遍布全国的中央拍卖市场销售，一些保质期较短的水果、蔬菜往往是通过此种方式销售；第二种是通过全国各地的农协分会直接购买，再转手卖给超市及商贩。当然，农民也可以自己直接到市场出售农产品，但是一些保质期短的农产品，路途遥远的农户还是得依赖农协。

日本农协的指导服务包括农业技术指导、经营管理指导、生活指导、教育培训和信息服务等。现代科技在日本农业信息社会化服务体系中起到了重要作用。日本的农业信息社会化服务体系主要分为两种：一种是市场销售信息服务系统；另一种是农产品生产数量和价格行情预测系统。市场销售信息服务系统由农产品中央批发市场联合会主办，农产品生产数量和价格行情预测系统由日本农协自主统计，农户可以根据这两个系统得到准确的市场信息。

除农协提供的以上服务之外，日本政府还通过经济手段对农业进行宏观控制，并且制定了很多农业法规来为农业服务，仅战后制定的农业立法就有农业基本法、耕地改良法、农业改良助长法、农业改良资金补助法、农业机械化促进法等。这些法规的制定不仅使得农业发展有了保障，而且还对保护农民利益、规范各种农业社会化服务起到了重要作用。另外，日本政府提供社会化服务的主要形式是对农业生产进行直接的资金补贴，其中最直接的补贴方式就是实行农田水利建设补贴制度。在日本政府预算中，有专门的"农田基本建设款"，由政府出面直接兴建大型农田水利工程，除此之外，其他的农田水利工程如果有农民或农业团体参与修建，各级政府将会承担70%~80%的工程费用。同时，农业设备补贴也是一项直接补贴。日本法律规定，农民个人或者是农业团体购买大型的现代化农业机械，政府将会承担30%~50%的费用。在农业生产融资方面，日本政府通过专门的农林银行，长期向农民提供低息或无息贷款，使得日本农民能有资金扩大生产，改进农业技术和应对自然灾害。

日本政府还非常重视农业科研的基础地位。日本农业科研机构由国立和地方公立科研机构、大学、民间科研机构三部分组成。日本国立科研机构主要从事基础、长远和重大或应急的科学研究，经费充足，其科研成果要有学术、应用价值和社会、经济效益。地方的科研机构主要从事应用性、普及性和技术操作性研究。日本政府为农业科研提供大部分经费，如1998年政府的农业科研经费预算为619亿日元，占整个农业预算的2.3%；"大农业"的科研经费预算为772亿日元，占大农业预算的2.29%。

第三节　发展中国家的农业社会化服务体系建设

目前，美国、日本、西欧等发达经济体已经基本形成了比较完善的产前、产中、产后的农业社会化服务体系。与发达国家相比，大多数发展中国家的农业社会化服务体系比较落后。例如，很多非洲农村根本没有可通汽车的硬质路面公路，交通运输仍要靠人背畜拉；没有像样的产品销售设施，实行很原始的交易活动；排灌系统很少，基本上靠天种田。还有一些发展中国家虽然也有农业社会化服务组织，但并不完善，不能满足农业生产各方面的需要。

世界各国的农业社会化服务主体可分为三种，分别是政府提供的公共服务、以合作社为主体的组织以及各类企业和公司组成的组织。根据以上三种主体形式所占比例的大小对各国的农业社会化服务体系进行分类，可将各国农业社会化服务体系分为三类：市场导向型、合作社导向型和农协导向型。前文提及的美国便是市场导向型农业社会化服务体系，日本为农协导向型农业社会化服务体系。除日本以外，韩国同样建立了农协导向型的农业社会化服务体系①。

不论是发达国家还是发展中国家，合作社都是向农民提供各种农业服务的重要力量。但发展中国家的农业合作社发展起步较晚，发展程度一般比较低，

①　高志敏，彭梦春. 发达国家农业社会化服务模式及中国新型农业社会化服务体系的发展思路 [J]. 世界农业，2012（12）：50-57.

社会化服务的实力也就相对较弱。第二次世界大战结束以后，特别是20世纪七八十年代以来，发展中国家的合作社得到了迅速发展，并逐步成为农业社会化服务体系中的重要力量。

在很多国家，随着农业生产的发展和社会分工的不断细密，许多原来由农民自己完成的生产经营活动，从生产资料采购、备耕、田间管理、收获等，直到贮藏、运输、加工、销售都被分离出来，一部分由专门的公司或企业承担。这些公司或企业在销售其产品或完善自身经营过程中为农民提供了社会化服务。

各国因经济发展水平不同，社会制度和各方面体制不同，政府部门对农业提供的社会化服务也存在较大差异，但是从总体上看一般政府部门的社会化服务主要集中在以下几个方面：①农业生产的总体协调与规划服务；②农业科技服务；③农业资金服务；④农业风险保障服务；⑤农业基础设施方面的服务。

在农业生产的总体协调与规划服务中，发展中国家为了促进农业发展，采取了很多政策，如增加农业投资，提高农产品价格，调整生产结构，发展农业科研、教育、推广事业等，从宏观上对农业进行调控。如泰国为了使各地的农业生产与自然条件相适宜，便于搞社会化服务，政府对农业进行生产划分。除稻谷各地都种植以外，橡胶种在南部和东南部排水良好的丘陵地上，耐旱的木薯、玉米种在东北部和中部缺水地区，菠萝种在东部和西部南端的丘陵地上，花生种在东北部，豆类种在北部和中部的北端，麻类种在东北部和中部。在农业科技服务方面，发展中国家的农民组织程度一般较低，各种民间组织和企业等经济实力和技术水平都比较差，所能提供的农业科技服务较少。因此，相较于发达国家，发展中国家的政府部门更加需要提升对农业科技、农机等方面的重视程度。在巴西，由于政府的重视和资助，全国已基本建立了一个农业科研和技术服务体系。20世纪80年代初起，全国已有118个农业调查研究中心，其中115个属联邦政府和州政府，还有1 800多个农科试验站，负责指导2 900个市镇的农业科研、农业技术的推广应用和提供技术服务。在农业资金服务方面，印度政府按低价向农民提供化肥、农药、灌溉用水、电和其他农用设施，为此，仅用于化肥的政府补贴在1983—1984年就达到了79.8亿卢比；非洲多哥政府对进口的拖拉机农机具和燃料用油免征进口税，向农民供应的化肥和农药按进口价格的一半收费，每年用于这方面的补贴约达10亿非洲法郎；巴西政府规定，农业信贷不以营利为目的，农业信贷利率不受一般银行率的制约，其利率必须始终低于通货膨胀指数，农业信贷的主要发放对象是经济实力薄弱、缺乏资金和技术、缺乏仓储能力的中小农业生产者。农业风险保障服务方面，马来西亚政府规定，农民出售稻米、烟草、橡胶及部分果蔬时，若市场价格低于最低保证价格，差额由政府部门给予补贴，反之则归为农户自己所有；菲律宾政府通过财政对农村保险实行补贴间接对农业生产进行风险保障，菲律宾农作物保险公司对水稻所收保费率为8%，而农户只需要承担3.5%，政府补贴3%，剩余1.5%由加入保险计划的农业信贷机构承担。

第四节　国外农业社会化服务体系建设相关经验

一、重视公共服务体系的建立

美国农业服务体系的亮点——农业教育、农业科研和农业推广"三位一体"的服务体系，是一种比较成功的公共服务模式。因此，中国在建设社会化服务体系时，必须认识到这种模式的重要性。这一认识能使政府部门在农业社会化服务过程中起到更好的作用。

我国应加快政府农业服务机构建设，着力构建"四位一体"的农业公共服务系统[①]；改革县、乡公共服务机构，形成以农业技术推广、动植物疫病防控、农产品质量安全监管三大职能为主，农业项目申报服务及农产品营销服务为辅的"四位一体"农业公共服务系统；出台扶持政策，加大转移支付力度，大力推进农业信息服务系统建设，构建农业信息综合服务平台，推广现代农业技术咨询服务平台促进农户小生产和社会大市场的有效对接；完善各项规章制度，强化动植物检疫预警体系、检验检疫体系、应急处理体系和疫病扑杀体系，提高动植物疫病防控水平；加强对农产品质量安全、农业机械、农产品物流等环节的监管力度。

二、重视农业科技、金融和信息服务

现代化农业的发展离不开农业科技的发展，有效地提供农业金融融资服务能够在一定程度上促进农业生产力水平的提升，完善的信息服务化体系能够及时地向农户们传递市场讯息，使农业生产更具针对性。我国应该积极提升农村教育科研水平、加快建立农业推广组织、完善农业融资及农业信息服务化体系，加速提升农业现代化水平。

相关部门要借鉴发达国家发展农业合作社经验，完善并落实各项扶持政策

---

① SINGH N T. Micro Finance Practices In India：An Overview［J］. International Review of Business Research Papers，2009（5）：131-146.

措施，优化中国农业合作社的发展环境。县级以上财政部门应设立扶持农民专业合作社的专项资金，国家政策性金融机构和商业性金融机构应当加大金融支持力度，县乡政府机构要为农民专业合作社提供信息和培训等方面的服务。此外，相关部门还要完善合作社内部规章制度，建立信用管理制度，健全生产记录制度，强化审计制度，加强标准化和品牌化建设，提高合作社规范化建设水平；强化合作社市场营销服务，推进农超、农校、农企、社企、农市等产销对接，建设冷链物流和信息网络系统，发展农产品电子商务，促使农业合作社成为引领农民参与市场竞争的现代农业经营组织。

三、农业社会化服务向一体化方向发展

世界各国有一个共同的发展趋势，就是农业社会化服务向一体化方向发展，即农业生产本身与产前、产中、产后服务结成一体，共同经营和发展，形成农工商综合体，实现所谓的农工商一体化。例如，美国 20 世纪 70 年代时，90%以上的牛奶、肉鸡、供加工使用的蔬菜等均是以一体化的方式生产的；据统计，1980—1985 年法国农工商综合体所生产的各种商品所占的比重，蛋类为 80%，育肥猪为 70%~80%，用工业方法育肥小牛为 60%，那些完全由工业加工的甜菜、啤酒花、酒用葡萄和大麦等已经完全纳入一体化。

农业生产是一个漫长的过程，从产前到产后，时间跨度大，每一个环节皆不可缺少，发达国家的农业社会化服务是涵盖农业生产的全过程的，真正体现了农业的一体化水准。中国目前在产前、产中的服务发展较快，但是产后服务存在一定的问题：①产后的服务未能与产前、产中服务衔接起来；②产后服务不到位，尤其是在农产品加工、储存、运输及销售方面存在很多问题，导致很多的农产品附加值低，销售困难。当前，中国需要在产前、产中、产后三个阶段加强衔接与支持，注重三个阶段的一体化建设，提升产前、产中服务的专业性，提升产后服务的综合性，加快农工一体化建设，实现工业发展与农业社会化服务体系同步提升。

四、社会化服务体系建设形势的多样化

一般来说，在发达国家，合作社、公司或企业提供的服务及一体化式的服务在整个农业社会化服务体系中居于主体地位；而发展中国家农业社会化服务体系的主要形式则是合作社服务和政府部门的服务。就不同的生产领域来讲，一般畜牧业方面的供产销一体化服务比种植业发达，而种植业中果蔬等的一体化服务程度又高于其他作物。总的来讲，鲜活产品、易腐易烂产品、特种作物

和生产地区较为集中的产品、生产过程工业化程度高和生产规模比较大的产品，产供销一体化服务的程度高。

五、加快发展以农业合作组织为主体的农业社会化服务体系

从日本农协的经验我们可以看出，通过合作组织发展农业是一条高效可行的道路。考虑到区域差异性和个体异质性，不同地区类型、不同经济发展水平、不同生产领域、不同农业组织形式均需要不同形式的社会化服务体系，这对于中国而言尤为重要。中国是一个发展中的农业大国，地域范围广阔，各地自然条件、经济社会条件差异较大，农业分散经营与农户分散居住并存，农业生产内容、生产组织各不相同。据此，发展农业社会化服务体系难以有统一模式，必须因人、因时、因地多形式发展，并使各种服务组织相互补充、彼此配合，继而实现农业社会化服务体系有效运转。目前，我国仍属于分散的和细小的个体农户经营，我们必须将农户组织起来进行规模化、专业化和产业化生产；通过建立农民自主形成的合作组织，把农户们集中地送入市场，增强农业生产者们应对市场风险和抗击打的能力，提升农民在整个市场中的地位。因此，我国必须大力发展农业合作组织，积极吸取日本农协的服务经验，充分发挥农业合作社在农业社会化服务体系中的主体作用。

纵观发达国家，合作社在农业社会化服务体系中占有极其重要的地位。在中国农村还相对落后，农民对商品经济仍较为陌生的背景下，农业合作社最适合于现实的农民操作和农业生产。据此，我国可优先采用合作社形式来组织农业社会化服务体系。

六、充分发挥政府在农业社会化服务体系建设中的重要作用

在建立和完善我国农业社会化服务体系过程中，政府的支持和参与是必不可少的。从美国、日本等农业发达国家的经验来看，政府的作用表现为采取有效措施，推动商业性农业的发展和农业社会化服务体系的完善。其主要体现在以下三个方面：第一，建立一个支持农业社会化服务发展的法律体系，使社会化服务体系有法可依，有章可循。第二，大力发展基础设施建设，降低交易成本。在我国，交通和通信事业不发达是农业社会化服务体系发展的一大阻碍，政府应承担起发展农村交通和通信事业的责任。第三，发展农业教育—科研—推广一体化体系，降低农民获取技术知识的成本，这就要求政府要加大对农业教育—科研—推广体系的投入力度。

七、建立立体型农业社会化服务体系

日本服务组织形式单一，农协承揽了从生产到流通、从技术指导到医疗保健等多种服务。无论在农业生产还是在农村生活方面，只要有农协存在，农民的许多事情都可以通过它来办理。这种体系虽然有利于对小规模农户的援助，促进小农户在外兼业，但是也增强了农户对土地的惜售心理，使农地滞留在小规模农户手中，阻碍了农业剩余劳动力的顺利转移；同时，还导致农协缺乏竞争意识，自我调节能力较差。随着国内外经济形势的日益严峻，农协的垄断地位受到了很大的威胁，面临的困难越来越大。因此，我国发展农业社会化服务体系，要以市场为导向，形成多种经济成分、多渠道、多形式和多层次的立体型农业社会化服务体系。

本章对美国大规模农场经营模式和日本、印度等小规模农业生产国家的农业社会化服务体系进行了梳理，从中可以看出：

第一，政府在农业科研和技术推广服务中均居主导作用。在这些国家农业长期发展过程中，公共机构和私人机构已经形成明确的分工体系，公共机构主要侧重于长期性、基础性的科研工作，私人机构主要侧重于应用性领域，市场机制也发挥了调节资源配置的作用。

第二，具有典型私人物品特征的生产资料等服务已经通过市场机制得到有效解决。在这些国家，农业生产资料都通过市场机制解决，只是解决的途径稍有区别，日本比较特殊，主要依靠农协购买农业生产资料，但也正遭受自由的市场经济的冲击，可以说生产资料通过市场自由购买已经成为主导发展趋势。

第三，专业合作社在提供覆盖全程的农业服务方面正发挥着积极作用。除了日本主要依靠特殊的合作组织——农协来完成组织化以外，其他国家均通过合作社实现组织化，尤其是典型小规模经营的印度，合作社发展非常成熟和普遍，并且在满足农户农业生产服务需求方面表现出较强的竞争力。日本综合农协减少，取而代之的是专业农协数量的增加，也预示着专业合作社将在未来满足农户农业服务方面发挥越来越重要的作用。

第八章 "互联网+农业"智慧管理服务平台

第一节 "互联网+"概述

一、内涵

(一)"互联网+"的产生

互联网诞生于第三次工业革命。在我国,互联网已发展了数十年,互联网已经深刻改变了中国的经济格局和产业版图。从起初人们仅将互联网广泛地应用于学术科研领域,到互联网行业和传统行业和平共处,催生新经济,再到如今逐步改变甚至颠覆传统行业,对各传统行业实现"互联网化"。互联网的发展可谓有目共睹。

但在互联网发展早期,对传统行业来说,互联网是虚拟的,是凌驾于实体经济之上的虚幻之物,与其是互斥的、对立的,互联网的存在将给其带来颠覆性的破坏,因此传统行业与互联网之间形成了竞争的态势。

2012年11月,在易观第五届移动互联网博览会上,易观国际时任董事长兼首席执行官于扬首次提出了"互联网+"理念,这是对"互联网化"概念的进一步深化,给了各领域关于互联网化的具体执行思路。

现如今,由"互联网+"引发的热议足以表明政府以及传统行业对互联网的态度已发生很大的改观,对互联网的应用也越来越开放。中国互联网络信息中心(China Internet Network Information Center,CNNIC)在京发布的第47次《中国互联网络发展状况统计报告》(以下简称《报告》)显示,截至2020年12月底,我国网民规模达9.89亿人,互联网普及率达70.4%,互联网逐步从城市向农村渗透,农村网民规模达3.09亿人,农村地区互联网普及率达到

55.9%。现如今，互联网已经如电力般渗透到我们日常工作生活的每一个角落，跟实体经济也结合得越来越紧密。

（二）"互联网+"的理解

"互联网+"就是互联网"+"传统的各行各业，这个"+"不是简单的加法，而是"化"，而且会随着社会发展而动态变化，即不同时期，它分别发挥了工具、渠道以及底层的基础设施的功能。从政府到各行各业也都对"互联网+"有着各自的理解。

2015年，国务院对"互联网+"做出了解释，"'互联网+'是把互联网的创新成果与经济社会各领域深度融合，推动技术进步、效率提升和组织变革，提升实体经济创新力和生产力，形成更广泛的以互联网为基础设施和创新要素的经济社会发展新形态。"①

腾讯公司创始人马化腾在2015年3月召开的第十二届全国人民代表大会第三次会议建议案中提出《关于以"互联网+"为驱动推进我国经济社会创新发展的建议》，他认为"'互联网+'是以互联网平台为基础，利用信息通信技术与各行业的跨界融合，推动产业转型升级，并不断创造出新产品、新业务与新模式，构建连接一切的新生态"②。

阿里研究院则认为，"互联网+"就是指以互联网为主的一整套信息技术（包括移动互联网、云计算、大数据技术等配套技术）在经济、社会生活各部门的扩散、应用，并不断释放出数据流动性的过程。腾讯公司市场与公关部时任助理总经理、《腾云》杂志副主编杜军认为，互联网不是一个解构、颠覆的因素，它更多是作为一个基础工具，延伸、支持现在的实体产业。价值中国会时任联席会长张晓峰认为，"互联网+"就是跨界、融合、连接一切，即"连接无处不在"。他认为对"互联网+"的理解主要有六个方面：跨界融合、创新驱动、重塑结构、尊重人性、开放生态和连接一切。

综上所述，业内对"互联网+"的理解基本一致——"连接""融合"，认为它不仅是信息化，其本质应该是传统产业在线化与数据化，而且还要发挥互联网在经济与社会生活中的作用。传统行业的"互联网化"可以拆分成两个阶段：第一个阶段是"加速"，即将互联网作为加速工具，促进传统行业的发展；第二个阶段则是"破坏性创新"，即打破旧格局，将互联网技术融合到

---

① 国务院. 国务院关于积极推进"互联网+"行动的指导意见［EB/OL］.（2015-07-04）［2021-10-10］. http://www.gov.cn.

② 马化腾. 关于以"互联网+"为驱动推进我国经济社会创新发展的建议［J］. 中国科技产业，2016（3）：38-39.

传统行业中，实现传统行业完全"互联网化"。此时的互联网于传统行业来说已然不再是独立的连接工具，而是完全融合在行业中的重要组成部分。

对"互联网+"的应用没有普适的方法和路径，传统企业在互联网化的过程中，都应探寻适合自己的发展路径，充分利用内外部数据资源以了解自身在当今社会环境下所处的位置。企业上下要全面统一，做到从战略到意识、从能力到技能、从数据挖掘到量化决策保持步调一致，以开放的心态接受互联网，并与之融合，在适合自身发展的"互联网+"路径下，利用互联网优化、发展、重塑自我。每个企业在互联网化的过程中都应结合所处行业的本质，结合互联网，打破原有的"舒适圈"，建立更利于发展、规模更大、效率更高的企业新中心。

（三）"互联网+"与现代农业

农业是一项古老的产业，它因季节性生产规律强而发展缓慢，其变化与如今的互联网的发展相比就显得尤为缓慢。随着"'互联网+'行动计划"的推出，"互联网+农业"也成为市场关注的热点。除了政策引导的原因以外，这与我国本身是一个农业大国、"互联网+农业"具有广阔的发展空间以及目前技术上可行和经济上有利可图有关。面对互联网企业纷纷涉足农业而带来的竞争威胁，传统农企的"触网"就显得尤为迫切，涉及的环节也更全面，涵盖了种植、养殖、农业金融、农业电商、农业大数据等多个方面。2015年，国务院就提出了"'互联网+'现代农业"的行动指导意见。

"互联网+"现代农业是农业生产、流通、管理方式互联网化的过程，在《"互联网+"现代农业的行动指导意见》中，要求"利用互联网提升农业生产、流通、管理和服务水平，培育一批网络化、智能化、精细化的现代'种养加'生态农业新模式，形成示范带动效应，加快完善新型农业生产经营体系，培育多样化农业互联网管理服务模式，逐步建立农副产品、农资质量安全追溯体系，促进农业现代化水平明显提升。"[1]

在这幅"互联网+"现代农业的版图中，蕴藏着海量的农业大数据，包括土地数据、生产数据、三农数据等，它们将形成一个完整的、可循环的数据生态系统，而这些大数据也将给未来农业带来广阔的发展空间[2]，这也标志着当前的新型农业需要具备"智慧"。现实中，这种基于互联网的"智慧"已渗透到农业的各个方面，形成智慧农业。

---

[1] 国务院. 国务院关于积极推进"互联网+"行动的指导意见 [EB/OL]. (2015-07-04) [2021-10-10]. http://www.gov.cn.

[2] 蒋建科. "互联网+农业"结出什么果？[N]. 人民日报，2015-11-30 (18).

智慧农业的概念可追溯到 IBM 在 2009 年时对"智慧地区"的提出，即对数字农业、精准农业、农业物联网、智能农业等技术的统称。它更加要求感知、互联互通与智能化，是指通过信息技术、智能科技等与农业进行深度融合，表现为高效农业、绿色农业、数字农业、精细农业等农业现代化的形式。从 2011 年至今，我国每年发布的中央一号文件多次提及要围绕"三农"的不同阶段的问题来发展智慧农业，且每年都会从不同角度提出关于如何推进智慧农业的内容。2017 年，中央明确了以"农业供给侧结构性改革"为主线，提到了加快科技研发，实施智慧农业工程，推进农业物联网和农业装备智能化。2018 年，中央又主打"实施乡村振兴战略"，提出发展数字农业，推进物联网实验和遥感技术的应用。

二、发展背景和要素

（一）发展背景

在现有的政治和社会背景下，一系列强大的新兴技术为我们带来了大量的机会和挑战，这将彻底颠覆我们的生活、工作以及相互关联的方式。对各传统行业来说，其商业模式、生产、消费、运输与交付体系被重塑，整个过程融合数字、物理和生物系统，以人工智能、大数据和物联网为驱动力，而最终被改变的将是我们人类本身。

在过去 200 多年间，我们共经历了 5 次技术革命，每一次技术革命都产生了新技术、新产业以及新的基础设施。互联网产生于第五次技术革命，在这次技术革命中，我们可以看到我国的互联网接入层由 PC 互联网到移动网、应用层从门户网到新零售等都发生了巨大的变化，其与实体经济的结合显得越来越密切。

"互联网+"本就是对以互联网为主的一整套信息技术，以移动互联网、云计算、大数据技术等配套技术的应用，其通过连接各个产业部门，产生反馈与互动，最终实现互联网与传统行业的创新和融合。近年来，我国在互联网技术、产业、应用以及跨界融合等方面取得了一定进展，已具备加快推进"互联网+"发展的坚实基础。

面对如此重大的技术变革，我国政府也从政策上给予了积极引导，将"互联网+"作为一项重要的国家战略，从报告到计划、从战略到行动，引领各行各业充分利用科技，全面推进"互联网+"，打造数字经济新优势。

2012 年 12 月，习近平总书记在考察腾讯公司时指出："现在人类已经进入互联网时代这样一个历史阶段，这是一个世界潮流，而且这个互联网时代对人类的生活、生产、生产力的发展都具有很大的进步推动作用。"① 2014 年 2 月，习近平总书记担任中央网络安全和信息化领导小组组长，在第一次小组会议上，其强调网络安全和信息化是事关国家安全和国家发展、事关广大人民群众工作生活的重要战略问题，我们要从国际国内大势出发，总体布局，统筹各方，创新发展，努力把我国建设成为网络强国。如"没有信息化，就没有现代化。""建设网络强国的战略部署要与'两个一百年'奋斗目标同步推进。"等，习近平总书记的一系列重要论断深刻表明了党中央以加强信息化工作为指导思想和方针路线的决心，同时也标志着我国正加速向网络强国挺进。

从 2015 年至今，"互联网+"已成为《政府工作报告》的"常客"。2015 年 3 月，在第十二届全国人民代表大会第三次会议上，李克强总理首次提出"制订'互联网+'行动计划"，将重点促进云计算、物联网、大数据等新一代信息技术与现代制造业、生产性服务业等的融合创新。2018 年的《政府工作报告》中提出了"多领域推进'互联网+'"，2019 年又推出了"加快在各行业各领域推进'互联网+'"，2020 年提出"全面推进'互联网+'"，均标志着我国政府对"互联网+"的重视，其力量被显著强调。全国上下，从政府到各行各业都对"互联网+"持有积极发展的态度。2021 年，我国又推出了《工业互联网创新发展行动计划（2021—2023 年）》，其以实现工业互联网新型基础设施建设量质并进为主，使得新模式、新业态大范围推广，产业综合实力显著提升。

同时，"互联网+"也一直都是"克强经济学"中非常重要的模块，它是本届政府在经济改革与发展方面最重大的动作，也是"克强经济学"重要的理论和实践支撑，更是未来几十年内中国经济发展的重中之重。李克强总理曾说过，从简政放权、放管结合、优化服务，到大众创业、万众创新，再到"互联网+"是一脉相承的。这也显示了本届政府在经济改革与创新上完整思路的逐渐成形，这些政策措施落到实处，也将会培育中国经济新动能，打造中国未来增长新引擎②。"互联网+"的实施将促进"互联网+"生态圈、产业互联网、互联网金融、服务互联网、传统行业升级转型以及新兴产业、创新生态等融合创新生态的发展。

（二）发展要素

在新的技术革命背景下，许多新兴的技术也随之产生，涉及移动设备、人

---

① 罗宇凡. 开启中国互联网发展新时代 [N]. 经济日报，2015-12-16 (7).
② 周成洋. "互联网+"绽放惊喜"克强经济学"愈见愈明 [EB/OL]. （2015-08-10）[2021-10-15]. http://news.cntv.cn.

工智能、机器人、物联网、无人驾驶交通工具等诸多领域，而这些领域中的创新成果需要以互联网为基础，与传统产业相互促进、不断融合。这个融合过程还需要"互联网+"更新基础设施、生产要素、分工体系、商业模式以及组织模式这几个关键要素。

以云、网、端作为"互联网+"的基础设施，利用云计算、大数据进一步提升生产率、创新商业模式，将"互联网"拓展到"物联网"以提高网络承载能力，增加用户直接接触的服务口径，如个人 PC、移动设备、可穿戴设备、传感器等，拓宽数据的来源。

以大数据作为"互联网+"的新生产要素，利用大数据驱动业务发展、结合各行各业开发新型数据产品是目前大数据应用的发展方向，海量数据的积累、分享及运用，极大地提升了生产效率与经济价值。

以网状实时协同作为"互联网+"的分工体系，与传统的链式分工体系不同，在"互联网+"的网状分工体系中，以非结构化的数据驱动商业运作，以消费者需求作为主导依据，强化中间商的服务功能，实现与生产商的协同共进，促使新的分工体系更精细、协作更具规模。

互联网以 C2B 作为"互联网+"的商业模式，汇聚来大量的分散需求，使个性化定制成为该模式下的内在驱动力，充分利用互联网、云计算、大数据等技术，真正实现以消费者为中心为其提供个性化的产品和服务，并催生更多的网络应用。

互联网以云端制作为"互联网+"的组织模式，也可以称为"大平台+小前端"的结构，用后端坚实的云平台来支持前端的灵活运营，并以"内部多个小前端"实现与"外部多种个性化需求"的有效对接。

第二节　农业智慧管理服务平台产生的必然性和建设的必要性

一、农业智慧管理服务平台产生的必然性

农业智慧管理服务平台是农业与"互联网+"有机融合的必然结果，它是智慧农业发展到规模应用期的必然产物。农业智慧管理平台以提高农业生产经营效率、降低生产成本、解决农村劳动力日益短缺问题、提升农产品质量安全、改善生态环境以及改变农业生产者、消费者观念问题为主。

改革开放以来，我国作为农业大国，"三农"工作一直都是政府工作的重

点。李克强总理曾在国务院工作会议上明确提出，要狠抓农业劲头不松、投入不减、深化改革步伐不停，向新型农业现代化发展。中国共产党第十九届五中全会也指出，我国要加快农业农村现代化建设，到 2035 年要基本实现农业现代化。

据统计，我国仅用占全球 9% 的耕地养活了几乎全球 20% 的人口，有高达 95% 的粮食自给率。2020 年，我国粮食总产量达到 66 949 万吨，比 2019 年增加了 565 万吨，实现了粮食生产的"十七连丰"。同时，在国际市场上，我国也扮演着非常重要的供给角色，提供了大量优质、特色的农产品。这足以证明我国在农业方面取得的巨大成就。

与此同时，我国依旧面临着农业可持续发展的诸多压力与挑战。首先，耕地资源、水资源、自然环境以及其他资源条件限制成为防碍农业可持续发展的关键因素。其次，早期农业生产过程中对自然资源的过度开发，以及环境资源的破坏都使得农业可持续发展变得滞缓。最后，人力及财力方面供给不足，而我国农业生产资源的使用效率也不高，远低于发达国家，使得农业生产成本居高不下，可持续发展受到限制。

政府的高度重视以及农产品刚需的特点，为农业发展提供了巨大的发展空间。在"互联网+"的助力下，涌现出以"互联网+农业"为代表的农产品电子商务、以"互联网+农村"为代表的淘宝村以及以"互联网+农民"为代表的一个新的群体——"新农人"。

CNNIC 统计数据显示，近几年农村网民的增长速度已经超过了城镇居民，而且具有更年轻化、更移动化的特征。对互联网企业来说，农村地区是一个更具开发潜力的"蓝海"，这也使得电商巨头们纷纷涉足"互联网+"现代农业这个领域。

随着时代的发展，大数据、物联网和云计算等技术越发成熟。如受摩尔定律的影响，传感器价格创历史新低，这无疑使万物互联成为现实，传感器应用使得所有物品都变得智能化并能联网，同时日益增强的数据分析能力也使得我们获取田间的土地、土壤、气候、水、农作物、施肥、作业、生长过程等农间信息更快、成本更低、精准度更高，同时也促进了更广泛的交流和数据驱动的新型服务。无论是大数据技术、物联网技术还是云计算技术，都是促使农业智慧管理平台产生的技术条件。

农业智慧管理平台是实现智慧农业有效管理的集成式平台，包括基于智慧农业生产环节的生产管理服务平台，基于智慧农业流通环节的物流、电子商务平台，基于智慧农业服务管理环节的服务平台，是"互联网+"与现代农业融合的产物。它集合了互联网、大数据、云计算、物联网等先进技术，依托部署在农业生产、流通、管理环节上的各种传感节点与无线通信网络共同实现农业生产育种、配肥、灌溉、远程监控、植保预警、智慧管理、智慧组织以及数据收集和信息反馈等智能化服务，达到降低资源需求、生态友好、质量导向、实时监测传输与科学反馈等目标，推动产业基础高级化、产业链现代化，最终表现为高效农业、绿色农业、数字农业、精细农业的农业现代化形式。

二、农业智慧管理服务平台建设的必要性

农业智慧管理服务平台的存在是具有必要性的。一方面，它是农业适应政策与现实发展的最佳方式；另一方面，它是农业适应当代消费者不断提升的个性化需求的最佳途径。

从目前的政策与现实发展情况来看，我们需要从建立农业服务平台、推广成熟可复制的农业物联网应用模式、通过移动互联网为农民提供生产生活信息服务以及构建农副产品质量安全追溯公共服务平台等多方面实现"互联网+"现代农业的发展。

从消费端来看，消费者的需求从"强调数量、解决温饱"向"强调安全、满足品味"转变，这意味着为了满足消费者对食品质量及个性化品类的需求，我们需要建立从餐桌到田间的可回溯机制，使消费者可以随时调用储存在云端的各种耕种指标信息以及查看田间作业情况；需要建立基于用户需求的定制化生产模式，通过调用智能家居产品以及穿戴设备的数据来精准估计消费者的营养需求与口味偏好，计算出未来一个时期内消费者的农副产品需求并自动将需求传送到田间生产管理系统中，并根据田间的环境情况按需自动安排适合的生产计划；还需要建立降低成本和提高产量的农业生产系统、管理模式及支撑体系，根据消费者端及田间终端数据制订的生产计划结合过去的生产数据，可以推演出未来一段时间的生产计划并实现自动化生产。无论是从餐桌到田间的可回溯机制以及基于用户需求的定制化生产模式，还是降低成本与产量的农业生产系统，都是在当今"互联网+"环境下，我们用以满足消费者个性化需求的必然产物。

第三节　农业智慧管理服务平台建设的总体要求和技术要求

一、总体要求

新兴技术助推农业发展已成不争的事实，但是农业智慧服务管理仍面临不少的困难。目前，农村的信息基础设施建设相对滞后，普遍存在高投入、低回报、难实施等问题。在农业生产环节，信息技术未能与农业充分融合；在农业流通环节，农村电商的实施尚未完全普及，生鲜供应链尚未完全智能化；在农业管理服务环节，管理服务平台的使用率并不高。此外，从某种程度上说，人才、技术、资金、管理等要素也制约着智慧农业的发展。2021 年是"十四五"开局之年，也是全面推进乡村振兴的起步之年，要抓住数字经济机遇，多措并举补齐短板。

首先，我们要加强政策指导，完善产业、财政与金融等方面的配套政策，夯实智慧农业基础，大幅提升农村网络设施的普及率，同时加快推进水路、公路、冷链物流等基础建设数字化、智能化转型，加强智慧物流建设；其次，我们要加强新农人培育，通过提供在线培训、信息化下乡活动等，打造爱农业、懂技术、善经营的新农人队伍；再次，我们要推动新兴技术对农业生产和科技服务的改造升级，通过进一步加大资金投入与政策支持力度，推动遥感监测、物联网、大数据、云计算等信息技术在农业生产、流通、管理中的广泛应用，同时完善建立农业科技信息服务平台，实现云端知识培训与专家指导；最后，我们要完善农村流通服务体系，加强农产品供应链基础设施的建设，深化农村电子商务的应用，完善智慧物流配送体系，通过新媒体营销手段促进"三产"融合以及线上线下融合，培育优质农村电商品牌。

总的来说，农业智慧管理服务平台的建设要适应时代背景的发展以及"互联网+"实施的根本需求，更要满足经济效益、社会效益与生态效益共存。一方面，我们要提升企业品牌、提升市场占有率、提高工作效率、节省人工、节约水电、规范管理秩序，要促进农村产业结构的调整、满足人民日益增长的物质和文化生活需求、提高科技对农业的贡献率；另一方面，我们还要不断调节气候、改善环境、促进生态平衡。

二、技术要求

"互联网+"与现代农业涉及很多的新技术,包括3S(如遥感技术RS、地理信息系统GIS、全球定位系统GPS)、物联网、大数据、人工智能和云计算等,通过这些新技术与农业的融合,有助于农业快速发展。

新技术与农业的融合过程中,要能以计算机视觉、图像识别以及深度学习等人工智能技术实现作物产量预测、土地规划及病虫害防治等功能;要通过传感器、摄像头等监测设备,使用无线传感技术等物联网技术,实现动植物的远程监控、管理等;要以天气、土壤、农作物、病虫害以及动物身体特征数据等作为大数据基础,对动植物生长情况进行分析、预测等;要能使用卫星遥感技术实现作物勘测、生长情况以及病虫害预测、预防,运用GPS进行精准定位、跟踪等。

第四节 农业智慧管理服务平台建设的相关要素

一、建设主体

农业智慧管理服务平台是一个集成式平台,包括基于智慧农业生产环节的生产管理服务平台,基于智慧农业流通环节的物流、电子商务平台,基于智慧农业服务管理环节的信息服务平台,是"互联网+"与现代农业融合的产物(见图8-1)。

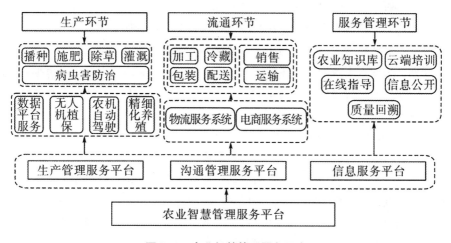

图8-1 农业智慧管理服务平台

二、建设内容

（一）生产管理服务平台

智慧农业的生产环节即种植环节，通过物联网即人工智能等新技术作用于播种、施肥、除草、灌溉以及病虫害防治等环节，生产管理服务平台通过传感器、摄像头、卫星、物联网等技术提供数据平台服务、精细化养殖、农机自动驾驶与无人机植保来保障本阶段的生产。

该平台要提供可视化的管理服务，可实时远程观测、管理田间生产；通过利用卫星遥感技术与无人机航拍配合铺设在田间的传感器实现收集气候气象、农作物、土地土壤即病虫害等数据，建立数据服务系统；通过安设摄像头等监控设备远程观测植物生长情况，实时跟踪，并对收集到的数据进行分析、处理，实现精细化养殖；通过 GPS 卫星定位系统与机器视觉技术实现农机的精准定位，通过农户的智能终端来对农机信息、作业状态及速度进行控制，实现农机自动驾驶；通过传感器设备，根据地理情况，在无人机上搭载专用的药剂对农作物实施精准、高效的喷药作业，实现无人机植保。

（二）流通管理服务平台

流通管理服务平台是为解决农业产业链中流通环节问题而搭建的管理系统，我们在这个平台上可以完成农产品的销售与物流配送等作业。

这个平台由电商交易系统与物流管理系统共同组成，电商交易系统可以搭载淘宝、天猫等生鲜电商平台实现农产品在线交易，实现 B2B、B2C、C2C 和 C2B 的电商交易，同时还要具备平台运营、用户交易数据分析的功能，从而优化生产计划；物流管理系统需要利用物联网技术实现全程追溯、冷链控制、优化效率以及保障安全运输，利用大数据技术实现需求预测、供应链预测以及网络规划，利用人工智能技术实现智能运营、智能排产、图像识别、决策辅助等末端作业。通过对这两个系统的搭建，我们实现了对整个流通阶段的运营方式、制度、资源和渠道的管理。

（三）信息服务平台

信息服务平台是一个综合性的农业服务信息以及产品质量安全追溯的发布系统，这个系统是结合生产管理与流通管理的一个综合信息发布渠道。通过对生产阶段的产品信息管控，我们可以对产品的种植信息进行简化发布，消费者也可以通过终端反向查询产品的生产、流通情况，保障产品的质量安全；通过对流通阶段的销售信息管控，该平台对新的生产预测信息进行简化发布，农民可以通过平台了解下一阶段的生产计划以及农具的购买需求，保障下一阶段的生产；我们还可以通过该平台提供农业及产业政策信息、农业相关技术服务信息、专家在线培训服务等以帮助农户更好地进行农产品种植。

第五节　农业智慧管理服务平台的运营模式

农业智慧管理服务平台是一个由新兴技术作为支撑的集合式平台，平台的功能需要通过铺设许多传感器、摄像头以及搭载卫星等设备才能真正实现。根据当前农村用地情况及当地政府情况，该平台可以分为政府购买服务与农业经营主体自主购买服务两种运营模式。农业经营主体包含了农户、独立的农场运营者、大型的农场经营管理平台，不同的农业经营主体其经营范围和经营规模不同，导致农户与独立农产运营者的运营成本过高，回收时间较长，因此该平台可以采用政府购买服务的方式进行运营。

一、政府购买服务

2014年12月财政部、民政部、原工商总局颁布了《政府购买服务管理办法（暂行）》。该办法施行以来，政府通过购买服务等方式，对具有资质的经营性服务组织予以支持，同时还鼓励和引导社会力量加入农业公益性服务中来。对于独立的农户与农场主而言，由政府为主导购买的农业智慧平台一方面可以通过该平台解决其农业生产、销售、运输等过程中的困难，提升农业生产效率，降低生产成本，从而以实现扶贫帮农的政府职能；另一方面可以帮助政府收集生产、销售等数据信息，为下一步政府决策分析提供依据。但是由于平台建设技术性较高，专业性较强，前期建设成本较高，因此完全由政府购买会使得政府压力较大。

二、农业经营主体自主购买

这里的农业经营主体自主购买主要是指规模较大的农业经营主体，大多是具有规模的农场主、涉农传统企业及涉农科技企业，它们具有较强的资金背景、专业背景和人才储备，因此在进行农业智慧管理服务平台搭建及运营时，完全可以根据自主管理的农业领地、领域及规模进行个性化设计，同时需要将信息服务平台与当地政府的农业信息门户进行对接，由专人完成相关信息的更新和管理。对实现智慧农业来说，这种运营模式更具有竞争优势。

第九章 "互联网+农业"产前服务

"互联网+"是一个新兴概念,"互联网+农业"则是"互联网+"理念与思维的产物。

如今,随着互联网给中国宏观经济带来翻天覆地的变化,农业这一传统产业也迎来了巨大变化。"互联网+农业"已经出现在人们视野中,互联网的开放性和公平性给予农户发展、挖掘和运用资源的机会。"互联网+农业"俨然成为当下热词之一,不论是传统农业企业还是互联网企业都积极探索互联网与农业融合的模式、渠道和道路。

与此同时,我国政府也在不断开拓"互联网+农业"发展的道路。在第十二届全国人民代表大会第三次会议的政府工作报告中,李克强总理首次提出了"互联网+"行动计划。我国政府高度重视"互联网+农业"。现阶段,随着政府推进"互联网+农业"发展,我国农业相关产业逐渐形成"互联网+"发展模式。政府通过提供信息技术手段和农业服务平台实现农产品的提质增效,促进农民增收。因此,推进"互联网+农业"发展是推动我国社会主义新农村建设的新动力,也是乡村振兴战略的新要求。

虽然政府政策制定上对发展"互联网+农业"做出了相应的努力,现阶段我国"互联网+农业"规模不断壮大,发展不断加快,但我们必须意识到,当前我国政府推进"互联网+农业"发展中还存在着法规的不完善、监管程序有漏洞、政策实施有偏差等问题。因此,政府如何落实相关政策法规、深化农村信息化基础建设、提供"互联网+农业"信息服务平台、培养农业专业人才,是我国政府发展"互联网+农业"面临的重大课题。

通过分析传统农业产前的内容和方式、主体构成、现状和存在的问题以及如何利用"互联网+"服务于产业的产前阶段,以期为相关行业与人员提供参考。产前服务的主要分析框架如图9-1所示。

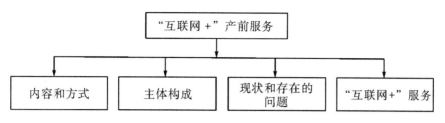

图 9-1 产前服务的主要分析框架

第一节 产前服务的内容和方式

农业生产过程中，产前服务是整个生产过程中最为重要的一个环节。从管理学角度考虑"PDCA"四个环节（见图 9-2），产前服务的计划与决策对后续结果影响巨大。因此，它是整个农业服务的重点内容。

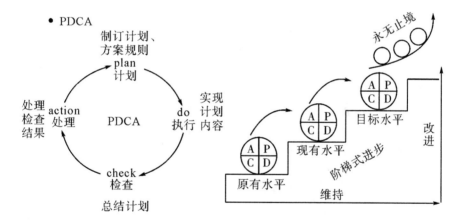

图 9-2 "PDCA"四个环节

产前服务主要解决种什么、种在哪里、种植中费用从哪里来、效益如何、失败如何处理等问题。具体内容主要有产前服务决策阶段、产前服务准备阶段、产前金融服务和产前气象服务四个方面。

一、产前服务决策阶段的主要内容和方式

决策是指决定的策略或办法，是人们为各种事件出主意、做决定的过程。它是一个复杂的思维操作过程，是信息搜集、加工，最后做出判断、得出结论的过程。决策是从各个抉择方案中选择一个方案作为未来行为的指南。而在决

策以前，只是对计划工作进行了研究和分析，没有决策就没有合乎理性的行动，因而决策是计划工作的核心。因此，从某种意义上说，决策是管理的基础。由此可知，农业管理中的决策是非常重要的一个环节。农业产前服务决策也是一个农业种植、销售、流通等全环节的信息搜集、加工，最后做出判断、得出结论的过程。它对于农业生产整个过程的作用是不言而喻的。科学的产前决策不仅能保证整个农业生产过程的顺利进行，还可以让整个农业生产效益达到最大化。

农业产前服务的决策阶段主要解决农产品供需平衡和增质增效的问题。传统农业在种植品种上经常是以习惯或者上年的市场价格作为决策依据。但这种决策的弊端导致农产品出现供求结构不合理、供给结构性短缺、阶段性供过于求、竞争力小、种植品种单一、市场供应过剩、相互挤对、价格低廉等问题。

产前服务决策目前主要依据传统的决策方式，无总体规划、无品牌战略、无供需分析，且农产品生产与流通信息化程度偏低。

二、产前服务准备阶段的主要内容和方式

产前服务准备阶段的主要内容为耕地、水利灌溉、选种和农技培训等。它在农业生产中属于执行阶段的内容，主要提供专业技术、人力、资源、种子等基本生产资料，并通过准备阶段的工作提供优质的、及时的、高效的、自动化的、资源共享的服务。

目前，准备阶段的主要方式是农户自行准备、各自为政，有些地方政府有组织，但受经济水平、知识水平、认知水平等影响。大部分农业产前准备方式均呈现无序化、信息化水平低、以传统的组织方式为主等特点。

三、产前金融服务的主要内容和方式

农业金融服务主要用于解决产前各种准备工作所需资金问题，由于农业具有非常重要的时效性和长周期性，错过一次机会最少要等半年以上。因此，资金到位的及时与否直接关系到生产经营的成果。产前金融服务主要有农业金融贷款、农村金融信用体系建设、农村金融信息服务、农业保险保障等。

一直以来，党中央对农村金融高度重视。目前，多层次、可持续发展的农村金融体系初步建立，中国农村金融供给主体主要由农村政策性金融机构、农村商业性金融机构、农村合作金融机构和新型农村金融机构等组成。

四、产前气象服务的主要内容和方式

作为一个传统的农业大国，我国对农业的依赖是长期的、深刻的，农业生

产对气候条件的依赖是天然形成的。古代人们从狩猎开始就懂得观天象，以对气候条件的观察和把握来指导农业生产。最早上溯至春秋时期，人们已经掌握了用土圭测影的办法划分节气，春秋时期已经能够划分出仲春、仲夏、仲秋和仲冬四个节气。经过不断的探索和改进，到西汉初期，我国已建立二十四节气。

农业产前气象服务是指根据建立的大气监测体系对未来一段时间里的气候灾害与天气情况做出分析和预测，从而向农业生产领域提供报警信息的一种服务类型。这个过程包括气象资料的收集与研究、气象条件的预测与预警、气象信息的传达与沟通、气象灾害的防治与降低损失工作。

目前，我国农业气象观测网络逐步完善，农业气象要素观测已成常态，由国家到地方的四级气象农业务服务体系已基本建立健全，服务规模日渐扩大，服务技术日臻成熟，服务范围逐步扩大，面向特色农业、养殖业、设施农业等地方特色的气象服务已获得良好效益。依据农业气候资源开展的区划工作有序展开，农业生产逐步根据气候变化做出相应调整，农业生产灵活性逐步提高。

第二节 产前服务的主体构成

主体是指事物的主要部分；哲学上指对客体有认识和实践能力的人；民法中指享受权利和负担义务的公民或法人；刑法中指因犯罪而负刑事责任的人；国际法中指国家主权的行使者与义务的承担者。在本书中，产前服务的主体构成是指在农业生产中的各个参与方（见图9-3）。

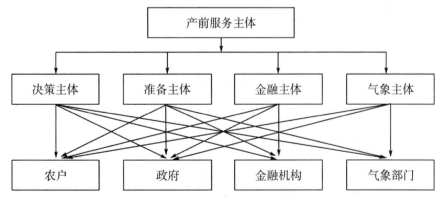

图9-3 产前服务的主体构成

一、决策阶段的主体构成

农业产前决策阶段根据不同服务内容，其主体构成也不相同。决策阶段的主体构成相对比较复杂，因为这个阶段涉及种植品种的选择、生产、流通、销售和消费等各个环节。这个阶段的主体基本上涵盖了整个农业生产过程中所有部门、组织与人员，如参与种植的人员、参与管理的政府、参与销售的经销商、参与第三产业运营的运营商、参与金融服务的金融机构以及可能涉及的相关人员与单位。

二、准备阶段的主体构成

准备阶段的主体构成相对比较明确。这个阶段已经进入操作环节，如耕地的主体构成有农户、农机公司和金融机构等；水利灌溉的主体构成有农户、水利部门或者公司、金融机构等；选种的主体构成有政府、农户、种业公司、育苗公司、运输公司、金融机构等；土地培育与技术培训的主体构成有政府、技术人员、农户、肥料公司、金融机构等。

三、金融服务阶段的主体构成

农业金融服务也是一个贯穿整个生产过程的服务。金融服务的主体构成有农村信用合作社、农村商业银行等贷款单位、农户、农业保险机构、农村商业保险单位、政府以及销售、流通过程中涉及的各个单位和个人。

四、气象服务阶段的主体构成

气象服务主体构成有农户、气象单位、政府、金融服务单位、信息传递单位等。

第三节　产前服务存在的问题

一、决策阶段存在的问题

由前文可知，农业产前服务决策是指农业种植、销售、流通、监管等全产业链的信息搜集、加工、分析，最后做出判断、得出指导整个农业产业全过程的结论的过程。它是化解生产与销售、供给与需求之间矛盾的重要行为。但这也是目前我国农业服务面临的最大困难。

首先，我国农业生产经营信息化、专业化的程度不断提高，但我国农业社会化服务效率低下、水平不高，无法提供相匹配的综合性产前、产中、产后一体化农业社会化服务。第一，服务主体间相互割裂、信息沟通不畅。农业社会化服务主体服务于某一环节，没有统一的农业社会化服务平台链接农业产业链的各个环节，信息不能共享，没有形成农业产业链联盟，各主体以自身利益最大化进行生产服务决策，整个农业产业链效率低下，效益达不到最优化。第二，信息不对称，引发严重的供需错配问题。随着土地流转的加速进行，家庭农场、种植大户等新型农业经营主体成为农业发展的重要力量，但由于服务供给主体与需求主体没有相应的沟通服务平台，农业规模化生产经营所需的各类农业社会化服务得不到满足，并且随着互联网信息技术的发展，新型农业经营主体与小农户都有农业电商服务、互联网金融服务等方面的服务需求，但均严重缺乏，供需不匹配现象非常严重。

其次，多年来我国农业经营主体仍以分散的小农为主，不容忽视的是"小农户和大市场""小规模与现代化"两大现状与发展间的矛盾，其主要表现在农业产品生产与消费端严重脱节。例如，消费端的"高品质"需求与供给端的"低品质"供应之间出现矛盾；消费端的"安全清洁"与供应端的"轻质重量"之间出现矛盾；消费端的"品种多样"与供应端的"供给单一"之间出现矛盾等。由于盲目追求利润，很多农户只注重数量不注重质量，只看重眼前利益不考虑后期恶劣影响；不能做大做强，做成品牌效应、规模效应等；产品的选择与销售市场容量的匹配、消费者个性化的需求之间的矛盾等。这些都是决策阶段没有做好而表现出来的问题。

再次，农业缺乏走出国门、面向世界的决策和战略。1995年，我国就有了农业"走出去"的提法，2007年中央一号文件正式把农业"走出去"作为国家战略提出来。数年间，中国农业"走出去"经历了民间启动、国家战略实施的发展历程，取得了不俗的成绩，也遇到了一些问题。其主要问题表现为三个层面：一是企业层面存在自身能力缺失问题，如国际人才匮乏、境外经营管理经验缺乏等；二是体制政策层面存在国家公共服务缺位障碍，如国内融资政策不匹配、部分国家间投资协定未细化落实等；三是东道国层面存在环境风险挑战。未来中国农业发展要走向全球，必须做到审时度势、运筹帷幄、定位精准、笃定全局、系统谋划。

最后，在农业生产过程中如何引入第三产业和农业与旅游业相结合来增加收入、提高产品知名度与品牌效应、引流等方面的全局考虑均存在非常大的空白区域。这都是需要在决策阶段解决的重大问题。

二、准备阶段存在的问题

农业准备阶段存在的问题以选种、农户的专业技能培训、农机规模化服务及观念等为主。

选种是农业生产服务准备阶段重要的一个环节。种子是一种不可代替的农业生产资料。《农民日报》曾刊文指出：科技兴农，种子先行。种子作为一种农资产品，对于农业生产起着不可替代的作用，可以说是农业发展的载体。但多数农民的文化程度仍处于较低水平，这导致在选择种子过程中，农民对于如何选择良种的知识较为欠缺。很多人购买种子的主要依据就是自己的经验和朋友介绍，没有科学的选种知识，也没有经过科学选种的专业培训。

目前，农户还是我国农业生产的主要力量。文化素质偏低是当前我国农民的主要特征，特别是文化水平和教育背景偏低。农民的眼光相对比较短浅，只看眼前的利益，而没有看到自身接受培训以及子女接受教育才是真正改变自身积贫积弱的关键之匙，因此农民技能培训在基层很难开展下去。与此同时，我国的新型农民培训资源分布十分不平衡，各地的培训发展进度差异也比较明显，教师的综合质量更是参差不齐。

受外出打工及农业经济的不景气影响，开展人员技术培训困难重重。开展培训过程中，也存在种种困难，如培训的知识与农民需求的不匹配、培训内容陈旧等。受经济条件影响，部分农业机械数量和质量还需要增加与提高。小而散的经营模式不利于农业机械的统筹规划，容易各自为政。受到经济条件的限制，经济条件好的农户较经济条件差的农户受机械的影响更大，从而错过最佳种植时令，导致新产品质量与数量都大打折扣。说明农机与农技融合还要加强。受观念、年龄、思维方式等因素的影响，很多人不愿意接受农机购买、农机互助及农机与农技提高培训等现代农业模式。还有随着人口老龄化的加剧，从事生产服务的人口严重短缺，这也给产前准备工作带来巨大的影响。

三、金融服务阶段存在的问题

农业金融服务主要包括两个方面：一个是农业金融贷款服务；另一个是农业保险服务。

农业金融服务的主要问题是金融服务体系落后。一方面，随着农业产业化的发展，经济社会对金融服务和产品的种类需求越来越大、越来越多元化，但农村地区的金融产品还是以传统的银行信贷为主，金融产品种类单调，无法满足企业融资需求；另一方面，农村地区以种植业为主，这些行业受气候和自然灾害影响较大，严重影响了农村金融服务体系的建设。

农业金融服务还存在"融资难、贷款难"的问题。一方面，为顺应国家的"三农"政策要求，发展农业所需要的资金越来越多，但融资渠道仅局限在银行信贷，渠道单一狭窄；另一方面，由于农村地区的小微企业经营状况普遍不理想，银行在发放贷款时就格外谨慎，以避免因中小企业或者农户无力偿还而形成不良资产。

农业保险发展存在的主要问题如下①：

（一）保险费率超出了农民的承受能力，农户投保意愿低

虽然我国农业保险的发展呈现上升趋势，但是农民的投保率却并不高，这并不是因为农民的意识和文化水平有限。一方面，造成这种现象很重要的一点原因在于农业保险的费率过高，农民的经济实力无法承受。农民赚的都是辛苦钱，一年下来的收入有限，可是有些地方的农业保险费率高达 80% ~ 100%，与其他财产保险相比高出了十几倍，这种保险费率使农民的心理和经济上都不愿接受。又由于农业保险费率高，农民会根据当地的风险评估选择是否投保，从而导致农业保险发展出现区域差异化，失衡较为严重。另一方面，随着农民进城务工等就业渠道的增加，农业收入在农户收入中的占比也逐渐降低，农户对于农业风险的承受能力显著增加，投保意愿逐步降低。

（二）险种较少，无法满足农民的多样化需求

无论哪一种保险都应该具有多样化的险种，可以满足投保人多样化的需求。当前农业保险中一个主要的问题在于险种较少，对于自然灾害和意外损失的分类比较笼统，没有做出具体的分类，这让农民在选择时不能按照自己的需求选择合适的险种来投保，严重影响了他们的投保体验感。造成这种问题的主要原因一方面是因为农业保险公司对于险种的开发缺少积极性；另一方面是因为农业本身就比较特殊，对于新险种的开发难度较大，导致农民的投保积极性并不高。

（三）缺少系统的农业保险法律制度

想要保证农业保险的顺利发展，一定要有相关的法律制度作为支撑，在遇到任何问题时都能够依法寻求法律的帮助，这可以在很大程度上减少投保人和保险公司的纠纷，保护投保人的合法权益。可是纵观当前我国众多的法律，并没有针对农业保险提出的针对性法律制度，这就缺少了对于农业保险公司和农民投保人的一些制约。特别是对于平均赔付额度相对较低的农险赔偿，发生争

---

① 侯东毅. 论农业保险发展中存在的问题与对策［J］. 老字号品牌营销，2021（2）：57-58.

议时申诉成本过高，也在一定程度上降低了农民的投保意愿。

（四）缺乏完整的农业保险监管体系

对于农业保险来说，当前我国由银保监会来统一进行监管工作，但是由于银保监会工作任务量较大，再加上农业保险的特殊性和复杂性，有时银保监会对于农业保险的监管并不是十分及时且有效，这就会在一定程度上影响农业保险的发展，打击农民的投保积极性。研究发现，近年来，部分地区农业保险承保机构伙同政府农业办事机构弄虚作假套取农业保险保费补贴资金的现象时有发生，如保险公司工作人员为了虚假承保套取农业保险保费补贴资金，在支付保费环节自己代垫保费，并向有关村干部承诺有偿代垫保费，支付利息或者其他费用。随后，向保险公司谎报自然灾害，炮制附有虚假照片的农作物受灾面积、套取保险资金，套取国家四级财政补贴资金，进行虚假理赔。当前对于农业保险的监管还缺乏有效判断和精准识别，严重影响了农业产前的准备工作。

四、气象服务阶段存在的问题

农业生产对气象资源的依赖程度不言而喻。农用气象预报服务主要利用气象分析、统计分析对未来天气指数进行预测，以评估对农业生产的影响。气象服务也可以根据不同地区的气候条件对农业生产品种做出科学的指导，同时在品种种植上也可以做一些指导性建议。比如，若当年全年气温略高于往年，那么水稻、小麦、玉米等主要农作物品种将做出调整，抗旱抗逆品种将更受欢迎。在当前的条件下，部分地区调查研究显示①，目前气象服务主要存在以下问题：

（一）气象预报准确率不高

随着社会的发展，人们对气象服务的需求越来越大，对预报的准确率要求越来越高。目前由于我国乃至全球的气象科技水平的局限性，预报准确率难以满足人们对精细化预报的需求，农业发展与气象条件密切相关，要确保农业安全生产，需要为其提供准确的气象信息，以便其能够及时做好防灾减灾等各项准备工作。气象预报准确率的提高，将为农业生产提供一道无形的保障。

（二）气象信息传播渠道较窄

气象服务产品主要传送给政府领导、农业局、烟草局等管理部门，部分农业大户作为直通式服务对象也能在第一时间收到服务产品，但更多的农民群众只能通过收听广播、收看电视气象预报节目来获取气象预报。而提供给广播、

---

① 张小红. 三明市气象为农服务现状和发展对策 [J]. 福建农业科技，2015（3）：75-78.

电视台的天气预报只是晴雨、冷暖的预报，难以满足农户的需求。农户普遍认为，一周的天气趋势对安排农事活动比较有帮助，春季的暴雨洪涝、冰雹雷雨大风、低温阴雨、寒潮，夏季的台风，冬季的低温冰冻等气象灾害的预报预警希望能提前2~3天知晓，以便农户提前做好防范，减轻自身损失。实际上，对于冬季的低温霜冻已经能做到让农户提前3天知晓，也有发布降温预警或寒潮警报，只是农户没能及时收到预警，导致遭受损失。

（三）气象专业为农服务人才比较缺乏

当前，气象为农服务工作面临的一个重要问题是缺乏既懂气象又懂农业的新型复合型人才。在气象预报服务人员中，缺乏农业气象的专业人才，对农作物各个生育期的气象指标知识只流于书面，缺乏实践经验，缺乏针对性的服务产品，对农业生产的指导作用还有待进一步提高。今后我们需更加重视气象为农服务专业队伍的建设，加强现有气象为农服务人员的培训；引进高级气象专业人才；加强与高校和农业部门的联合，通过"借智"的办法提高气象服务人才队伍的实力；加强科研，通过项目带动人才培养，提升专门人才的业务技能。

气象服务的预判准确性、及时性、专业性等都存在很大提升空间。气象服务需要进一步提升自身的服务质量和服务水平，为农业规模化、集约化、产业化发展提供有力的信息保障。

第四节　"互联网+"助推产前服务

随着网络信息技术的快速发展，"互联网+农业"已经有了相当大的发展，也获得了巨额的设备投资，正在飞速发展。美国农业部从出产前的预测到出产后的统计，从政府到企业、国家的规定到市场的规定，所有回合的信息都可以实时在公开的网络范围公示。从生产的循环到销售加工，从国内销售到出口销售，从自然环境的警告到防灾减灾的警告，网罗了整个农业生产过程。由此可见，建立完善的生产过程数据平台对农业生产具有不可估量的促进作用。

在我国，"互联网+"是一个新兴概念，"互联网+农业"则是"互联网+"理念与思维的产物。农业产前各个阶段出现问题的重要原因是信息不流通和数据收集难，以及缺少统一的沟通平台。为此，我们应建立一个互联网农业服务综合管理平台，以平台商为主体、政府为主导，其他各方参与的农业服务平台。

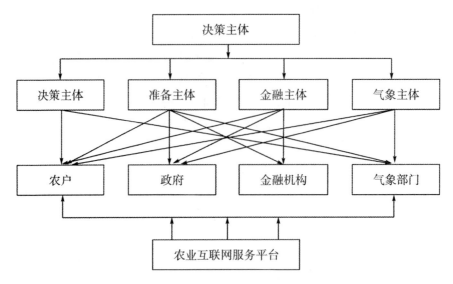

图9-4　互联网农业服务综合管理平台

如图9-4所示，通过建立互联网服务平台，把农户、政府、金融单位、气象单位等整个链条上的主体整合在一起，实现信息共享、互惠互利、协调发展、共享成果。

一、决策阶段的"互联网+"服务

首先，通过互联网农业服务综合管理平台，解决了信息流通与共享的问题，为决策提供科学参考数据。

目前已有的农产品信息系统解决了农产品价格与供求信息的共享问题，但是却很少为供需双方提供交易撮合信息，更无法在撮合信息的基础上为双方提供采购和销售的路径规划。而如何打造种产储运销一条龙的决策系统，是解决决策阶段甚至是整个农业服务问题的重要环节。

随着互联网技术的高速发展和信息化进程的推进，越来越多的农产品交易通过互联网进行。如果可以建立互联网农业服务综合管理平台，以平台商作为主体，以政府作为管理与监督者，以农户、金融机构、气象部门、农机服务公司、储存运输单位、承销商与消费者作为参与主体，以农产品价格和供求数据作为基础，设计和开发基于整条产业链条分析的农产品供需服务管理平台，完成基于农业产前、产中、产后各阶段的运营工作，按照各主体的参与程度，通过大数据来解决决策阶段的服务问题，为农产品种植决策提供有力帮助。

决策阶段"互联网+"的主要措施有以下几个方面：第一，打通供需双方的沟通渠道。通过服务平台，让供需双方直接面对面互通消息，保证输出端与供给端在信息共享与信息交流处于同一水平。第二，"互联网+"服务平台可以为政府、农户、种业公司、金融服务公司提供更为准确的相互验证信息，为决策提供更多的数据与信息，使得决策更接近消费端、更符合市场需求。第三，在政府监督的平台上，服务平台也可以为农户提供可靠的气象、金融、种业及相关条件的信息，并可以让这些信息及时、准确传达到各个决策单位，统一思想，统一认识，科学合理决策种植品种，也为金融保险企业提供可靠的后续收款保证。

产前决策可以采用以下流程进行，如图9-5所示。服务平台通过收集历史销售数据、气象数据、水利数据、政策数据、金融数据，通过计算机模拟，给出不同的方案及可能出现的结果。由农户自己选择合适的方案通过贷款执行。

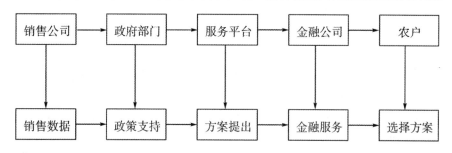

图 9-5 产前决策流程

其次，建立互联网农业服务平台，可以把分散的农户作业，通过信息与销售数据、政府规划及平台的有组织行为，转化为统一的农业规模生产。解决分散作业的各种质量和规模效益问题。如可以快速解决农业产品生产与消费端严重脱节问题；消费端的"高品质"需求与供给端的"低品质"供应之间的矛盾；消费端的"安全清洁"与供应端的"轻质重量"之间的矛盾；消费端的"品种多样"与供应端的"供给单一"之间的矛盾等。通过平台的统一管理与统一制定质量标准，保证在决策阶段就引入质量观念、品牌观念、规模观念与全球观念等。解决从需求入手，而非只从习惯或者供给端入手的问题。

最后，借助互联网农业服务平台，可以扩展农业的全球视野。如配合气象、政府、消费端及自身条件等综合信息做出更有利于农业生产的全局性决策，将自身置于全球产业链中的一环，增强竞争意识、质量意识、全球意识与品牌意识，提高农业现代化水平与全球竞争力水平。

二、准备阶段的"互联网+"服务

农业准备阶段主要存在的问题以选种、农户的专业技能培训、农机规模化服务及观念等为主。因此，引入"互联网+"与服务平台的思想主要解决这几个方面的问题。

首先，通过服务平台，引入互联网。这就使政府可以在平台上发布种植指导意见、优质种源信息、气象服务信息及决策阶段的信息。有了决策阶段的信息指导，种业公司、农户、金融服务、气象服务、销售领域、消费群体等各个层级对整年的收入与支出、时令与节气、时间节点都有比较准确的把握。这样可以保证优质种业公司、匹配的种业公司及时跟进、提前备货。通过信息服务平台化解供需矛盾，达到双赢的局面。

其次，通过信息服务平台，政府可以制定健全的农民技能培训法律法规，在制度上有针对性地规范农民技能培训的行为。有了信息平台，农民培训就变成一整个培训体系而不是单兵作战。种业、化肥、气象、农技等多个部门与多个主体相互支持，一环扣一环。政府通过信息平台，可以组织不同的培训师团队，它们可以有政府雇员、科研机构、企业等，会根据不同的需求，开设不同的培训课程，使用不同的培训手段，提供科学合理、丰富多彩的培训内容，同时还有贴近农户实际的具有针对性的教学内容等。有了政府的支持和宣传，再通过几年的运行取得良好的效益，这种示范效应会形成正向激励，从而促进农技培训进入良性循环的状态。

农业服务平台运营商类似于淘宝的平台，或者类似于中介服务。它们的收入来源主要基于信息服务。因此，提供及时的信息服务与大数据决策支持是其主要工作也是主要收入来源。这样它们就有动力了解各方的信息，然后及时对接需求与供给，保证信息的及时传递。

准备阶段互联网信息交流主要是对接农机与耕地需求、优质种业供给与需求、金融供给与需求、保险供给与需求。由于有政府公信监督、平台盈利目的的驱动以及大数据的支持，保证各方得到的信息数据都是准确的。各参与方都确保钱用到实处、还款有保证、保险不骗保、需求供应对接流畅。这样，准备阶段的服务就有助于及时、准确地把需求与供给统筹在一起，确保整个生产流程的顺畅与各方利益得到保证。

三、金融服务阶段的"互联网+"服务

农业金融服务主要包括两个方面，一个是农业金融贷款服务，另外一个是农业保险服务。

金融贷款服务的问题之一是渠道窄，另外一个是贷款难。通过建立"互联网+"服务平台，可以加强渠道建设，提升农业服务能力。线下不断优化县域网点布局和结构，加大网点自助设备的投放力度，推动县域网点智能化升级。线上以互联网金融作为服务农业的重要抓手，在农村网点积极推广网上银行、手机银行等电子支付渠道，提升手机银行在农村地区的覆盖率，推动线下产品向线上迁移，用科技金融提升乡村振兴金融服务的能力和水平。

深化服务平台合作，提高信息透明度，形成服务农业合力。通过"互联网+"服务平台可以积极引入银政、银企、银协、银担和银保合作机制，让农商银行能够明明白白、安安心心地把资金输送到最需要的地方，从而推动缓解"三农"贷款难、担保难问题，形成服务农业战略合力。完善信用体系，提升乡村金融知识水平，深入推进信用村、信用户建设，可以让守信村民享受差异化的利率优惠政策、流程更快捷的信贷服务，从而逐步引导和培育农民诚信意识。

同时，通过"互联网+"服务平台，可以通过政府引导加强对农村地区金融消费教育和金融基础知识的普及，开展送金融知识下乡、送金融知识进万家、普及金融知识万里行等活动，进一步增强农民理财意识和风险甄别意识，提高农民运用金融工具的能力，共同营造良好的农村金融生态和信用环境。

农业服务平台通过透明的信息流和大数据，将金融风险及时准确地传达到金融机构。从而消除金融机构的风险，也同时保证贷款去向及用途的正确性。从而降低金融风险，也保证服务农业水平提高。

农业保险服务存在的主要问题是保费高、品种少、无保障。其本质还是信息传递上出了问题。保险公司由于不了解农业生产整个过程的风险程序，为了保证公司的利润而将保费提高，这就导致了较高的保费。由于不了解农业生产的需求，导致品种较小。由于缺乏大量的数据积累与科学研究，导致政府也无法形成规定性文件及相关指导性政策。以上各种问题均可以通过建立"互联网+农业"服务平台解决。

"互联网+农业"服务平台主要是提供及时、准确的信息。这大大降低了保险公司的风险，也提高了保险公司的技术水平。通过参加决策阶段的相关程序，可以了解整个农业生产中保险的需求及可能出现风险的概率。然后通过科学的统计计算与平台大数据的积累。在保证利润的前提下，适当科学增加险种、降低保费就变得可行。而通过大数据的积累与参加决策过程，政府也可以运用管理学的"PDCA"法则，增加相关的法规与配套措施，保证整个农业生产的正常运行秩序。

四、气象服务阶段的"互联网+"服务

"互联网+气象"服务主要是可以全面、系统地收集整理农业、气象、灾情、生态环境、物候、遥感、社会经济等资料，分类建立农业气象灾害数据库，打牢开展农业气象灾害研究和服务的基础。同时可以及时、准确地分析气象灾害的发生发展情况，迅速科学地制定减灾防灾对策，根据多年来的农业气象灾害研究基础提供科学决策依据①。

互联网农业服务平台的建立，在气象服务首先可以解决气象信息传播渠道较窄的问题。农业服务平台可以通过网站、手机 APP、短信、广播等方式直接对接气象部门的预报与气象服务需求。可以通过气象大数据及历年气象资料数据提前推送当年可能出现的气象灾害与气象现象。提出针对气象问题所引发农业的种植问题。从而对农业种植决策起到比较重要的参与作用。

农业互联网服务平台还可以提供各种作物灾害预报工作，及时、准确地把相关气象信息进行点对点的推送与服务，解决气象信息了解不及时、预防不到位、防控不得力的各种问题。

农业互联网服务平台可以通过收集大数据、采用人工智能等手段解决气象专业人才缺乏问题，通过"借智"的办法提高气象服务人才队伍的实力；同时及时把科研成果通过项目的方式引入生产，提高专门人才服务农业的水平。

农业互联网服务平台还可以借助平台提供一些气象培训视频等专业教育项目，帮助农户增加自身的气象知识，提高利用气象资料的水平，为保障农业生产提供更好的资源。

通过农业互联网服务平台可以提升气象服务的预判准确性、及时性、专业性，可以为农业规模化、集约化、产业化发展提供有力的信息保障。

---

① 胡日查. 新形势下农业气象服务存在的问题及对策 [J]. 现代农业科技，2019（10）：169，174.

第十章 "互联网+农业"产中服务

产中服务是指在种植已经完成后到成熟收割之前这一时段所需要做的各种服务工作，它是保证农产品从种子变成果实并提供给消费者消费的一个长期过程。产中服务的主要宗旨是保证农产品的健康成长、安全成长、符合预期地成长。除此之外，产中服务还有开发农业旅游、农业生活体验、农业情景旅游及农业成长过程监控等各项服务。

产中服务是整个农业生产服务的重要组成部分。如何做好产中服务是整个农业生产成败的关键所在。产前服务做得再好，如果没有产中服务的配合与维护，农业营收将会受到特别大的影响。产中服务不仅会影响农业产品的质量，还会影响农业生产收入的主要构成和销售。如开展农业体验、休闲观光农业、农业全程生长记录等，都是农业增收和保证销售的重要途径。

如图10-1所示，"互联网+农业"产中服务论述主要从产中服务的内容和方式、主体构成、现状和存在的问题及"互联网+"服务四个方面进行。

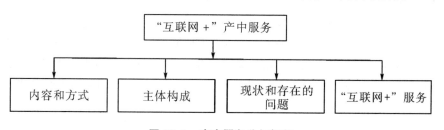

图10-1 产中服务分析框架

第一节 产中服务的内容和方式

产中服务是保证农产品健康、环保、保质保量进入流通领域的重要环节。它主要包括虫草灾害防治服务、水利灌溉服务、助苗壮苗服务、金融服务、气象管理服务及农业旅游开发服务。除此之外，产中服务还有开发农业旅游、农业生活体验、农业情景旅游及农业成长过程监控等各项服务。

一、虫草灾害防治服务的内容和方式

虫草灾害防治工作是指在农作物生长过程中提供的防治害虫、除去杂草等服务工作，保证农产品健康生长。

目前，病虫害防治是为了减轻或防止病原微生物和害虫危害作物或人畜，而人为地采取某些手段，一般可以分为采用杀虫剂等化学物质进行的化学防治和利用光、射线等物理能或建造障壁的物理防治。

除草服务的方式有人工除草、化学除草剂以及正在研制的除草机器等方式。

二、水利灌溉服务的内容和方式

农田水利是指发展灌溉排水，调节地区水情，改善农田水分状况，防治旱、涝、盐、碱灾害，以促进农业稳产高产的综合性科学技术。灌溉是农田水利中的一个部分，是我们主要讨论的内容。另外一部分称为排水①，不做讨论。

灌溉是指用人工设施将水输送到农业土地上，补充土壤水分，改善作物生长发育条件。在特定情况下，灌溉还可减少霜冻危害，改善土壤耕作性能，稀释土壤盐分，改善田间小气候。根据灌溉水源和灌溉水质（见灌排水质）的不同，可分为地表水灌溉、地下水灌溉、地表水地下水联合运用，以及污水灌溉、咸水灌溉、肥水灌溉、引洪淤灌等。根据灌水技术，可分为地面灌溉、地下灌溉、喷灌、微灌（包括滴灌、微喷灌等）、局部灌溉和节水灌溉等。为实现科学用水，应根据作物需水量和需水时间、有效降雨量、土壤水状况以及水文情况，选定灌溉保证率，制定灌溉制度②。

三、助苗壮苗服务的内容和方式

助苗壮苗服务主要是指在作物生长过程中提供必要的肥料，使其按预期成长的工作。

20 世纪后半期世界农业的高速发展，除了依靠生物技术的进步和耕地面

---

① 张骥. 农业灌溉系统的分类与趋势［J］. 农机市场，2020（6）：23-24.
② 参见 https://baike.baidu.com/item/%E5%86%9C%E7%94%B0%E6%B0%B4%E5%88%A9/8475956? fr＝aladdin.

积、灌溉面积的扩大外，基本上是在化肥与农药等化学品和矿物能源大量投入的条件下获得的。

肥料是指提供一种或一种以上植物必需的营养元素，是改善土壤性质、提高土壤肥力水平的一类物质，是农业生产的物质基础之一。主要包括磷酸铵类肥料、大量元素水溶性肥料、中量元素肥料、生物肥料、有机肥料、多维场能浓缩有机肥等。

施肥方法是合理地向土壤投入作物所需养料的方法。施肥不仅要满足作物对养分的要求，还要求通过施肥不断提高土壤肥力。要做到合理施肥，应遵循"看天施肥""看土施肥""看作物施肥""看肥料施肥"及"看经济效益施肥"等原则。常用施肥方法有：①基肥。为播种前结合耕作施用的肥料。供给作物整个生长期所需要的养分。用量大，多为肥效缓慢的有机肥料，可采用撒施、条施、分层施、环状施及放射状施等几种方法。②种肥。为播种或定植时施用的肥料。一方面供给养分，另一方面改善苗床的物理性状。种肥一般用高度腐熟的有机肥料或速效化肥、细菌肥料等。施用种肥要严防肥料和种子接触可能产生的腐蚀和毒害。种肥施用可按不同作物和肥料种类采用拌种、蘸根、浸种、条施、穴施和盖种等几种做法。③追肥。在作物生长发育期间施的肥料，是对作物生育过程中所需肥料的补充，一般要求施用速效化肥。施用的办法有撒施、条施、穴施、随水灌溉和根外施等几种。

四、金融服务的内容和方式

产中金融服务主要指提供包括存款、贷款、结算、保险、期货、证券等在内的各种金融服务，其中既包括由正规金融机构提供的服务，也包括民间金融机构提供的服务。持续加强和改善农业金融服务的目的在于，一方面为金融业加大对"三农"的金融服务力度提供强大的平台和渠道支持，并以此为契机推动多层次金融市场的培育和发展，完善金融服务体系。另一方面促进农村金融市场发展，为实现农民增收和加快建设社会主义新农村提供强大的金融保障。我国从事农村金融服务的金融机构主要有：中国农村信用合作社、中国农业银行、中国农业发展银行、中国邮政储蓄银行以及村镇银行、农村小额贷款公司等农村特色金融机构。金融体系主要是以农村信用社为核心、国有商业银行为主体、民间借贷为补充。作为我国金融体系的一个重要支柱，农村金融强有力地支持着农村地区经济的发展。

五、气象管理服务的内容和方式

农业主要是在自然条件下进行的生产活动。光、热、水、气等均是自然资源。如果组合得当，会对农业生产有利，而组合的不当就会对农业生产有害，构成自然灾害。产中农业气象管理服务的基本任务就在于研究这些气象组合的时空分布规律，为农业人工调节小气候和农作物的栽培管理及时提供信息，还开展农业气象预报和情报服务，对农业生产提供咨询和建议，以合理利用气候资源，规避不利气象因素，采取适当的农业措施，促进农业丰产，降低成本，提高经济效益。

六、农业旅游开发服务的内容和方式

农业除以上提到的主业外，现代农业的旅游开发服务也是扶农、助农、农业增收的一个重要方面。现代农业旅游服务开发主要提供产中的种植体验、观光旅游、情景模拟、自我采摘等一系列旅游项目。通过农业旅游业的开发，不仅可以提高产品的知名度，也可以提高产品的销售价格、增加收入、带动相关经济收入。目前农业旅游项目主要采用政府规划、个人运营等方式。运营过程处于粗放式管理阶段。

第二节　产中服务的主体构成

产中服务主体构成和产前相比相对比较简单。除农业旅游开发服务外，其余均是农户起主导作用的服务。由于生产主体主要是农户，故这一阶段的主导是农户，而其他主体大概率和农户直接接触，并起辅助作用。

一、虫草防治服务的主体构成

此阶段的主要参与者有农户，提供除草剂、化肥的公司，参与其中的金融贷款公司和相关运输公司等。而科学施肥、除草还需要政府的指导与农业科技人员的参与，甚至农技培训公司等相关主体的参与。

二、水利灌溉服务的主体构成

农业产中灌溉服务的参与主体有农户、政府、水利工程相关单位、农技技术公司及相关参与公司。政府、水利单位等均是宏观指导与条件创造主体，而具体实施还是以农户为主。

三、助苗壮苗服务的主体构成

助苗壮苗主体由农户、化肥生产运输企业、施肥机械所属单位、政府、农

技科技人员、金融贷款机构、劳务机构等构成。

四、金融服务的主体构成

产中金融服务的主体主要由农户、贷款企业、担保机构、政府等组成。

五、气象管理服务的主体构成

气象服务主体构成由农户、气象单位、政府、金融服务单位、信息传递单位等构成。

六、农业旅游开发服务的主体构成

农业旅游开发涉及的主体相对复杂一些。这其中主要有宏观旅游规划与决策的主体——政府。还有参与运营的商业与农户、参加旅游观光的旅游者及想了解农业生产过程的农业品消费者等主体。

第三节　产中服务存在的问题

一、虫草防治服务存在的问题

虫草防治服务在药剂本身与防治过程中均存在一些问题。药剂问题主要是指化学药剂本身存在的环保问题。

化学药剂本身的问题是，过量地使用化学除草剂会在人体内不断积累，短时间内虽不会引起人体出现明显急性中毒症状，但可产生慢性危害，如：破坏神经系统的正常功能，干扰人体内激素的平衡，影响男性生育力，造成免疫缺陷症。农药慢性危害降低人体免疫力，从而影响人体健康，致使其他疾病的患病率及死亡率上升。国际癌症研究机构根据动物实验确证，广泛使用的除草剂具有明显的致癌性。据估计，美国与化学除草剂有关的癌症患者数约占全国癌症患者总数的20%。除草剂在使用过程中，必然杀伤大量非靶标生物，致使害虫天敌及其他有益动物死亡。环境中大量的农药还可使生物产生急性中毒，造成生物群体迅速死亡。化学除草剂的生物富集是农药对生物间接危害的最严重形式，植物中的除草剂可经过食物链逐级传递并不断蓄积，对人和动物构成潜在威胁，并影响生态系统。除草剂生物富集在水生生物中尤为明显[1]。

---

① 杨林森. 化学除草剂对环境的影响及解决对策 [J]. 江西农业，2017（01）：66.

在产中服务过程中,过量、无序、不科学地使用也是存在的重要问题之一。同时,这也和耕种时机、科学育土等知识相联系。还存在专业知识缺乏、农技人员人手不足、重视程度不够、环保意识不强等问题。这也会使消费者对产品质量产生怀疑。使得产品竞争力低下、市场销路不畅通等问题出现。

随着我国工业化进程的加快,农业人口呈逐年下降的趋势。人工除草与喷洒除草剂的费用与效率也是目前农业面临的一个比较现实的问题。

二、水利灌溉服务存在的问题

水利灌溉主要的作用是补充土壤水分、改善作物生长发育条件。在特定情况下,灌溉还可减少霜冻危害,改善土壤耕作性能,稀释土壤盐分,改善田间小气候。这些作用只有在科学的指导下才可能最大化地利用。那么如何及时了解土地水分的情况,如何及时准确地了解土地是否需要水分是所有工作的重要一环。在灌溉这个环节,如何科学地利用水、节约有限的水资源,这又是目前农业水利灌溉面临的第二个问题。

研究显示:目前,大多数农村地区的农田水利灌溉管理模式相对来说比较落后,农田水利灌溉工程的作用没有充分发挥出来。由于当前农田水利灌溉工程都在关注旱灾预防和防洪建设,尽管许多组织调整和优化传统的管理模式,但由于资本的限制,以及技术、管理理念等方面的制约,农田水利灌溉管理模式没有与科技和社会发展的发展现状相结合起来并及时进行相应的改革,导致现在没有统一的、科学合理的水利灌溉管理模式①。

同时,大部分农民都没有接受过高等教育,他们依靠传统的生产经验去从事生产活动,对于农业生产和灌溉以自给自足为基础,对先进的农业生产技术及新的农田水利灌溉技术也不够了解。相关部门由于未能及时对农民进行相应的培训教育,使他们缺乏管理思想的引导,导致农民的专业性不高,不能及时高效地从事灌溉相关工作。

三、助苗壮苗服务存在的问题

产中服务中助苗壮苗的肥料应用可以提高农产品的数量,但由此引起的水土流失、土壤生产力下降、农产品和地下水污染、水体富营养化等生态环境问题,已经引起了国际社会的广泛关注,并推动了农业可持续发展和精确农业理论的产生和发展。

---

① 张启邦. 农田水利灌溉管理存在的问题及对策 [J]. 长江技术经济,2020,4 (S2): 77-78.

环境问题是目前我国面临的重大问题之一。环境污染依据不同的污染物排放方式可划分为四大类，即点源污染、线源污染、面源污染及体源污染。而在这当中，当属面源污染最为突出且难以控制，原因在于面源污染主要表现为隐蔽性高、分散性强且难以进行检测，其主要来源于农业生产，因此也有农业面源污染一说，具体是指农作物吸收的养分元素、各类有机肥料、动物排泄物及农药等经降雨或人工灌溉后渗入地表水体而形成的污染。依照污染物种类，农业面源污染又包括农药污染、畜禽排泄物污染以及化肥污染等，而化肥用量超标为引起水体水质恶化的主要缘由。

经研究证实，农业生产中化肥用量超标是引起农业面源污染的一大主因。我国年度化肥施用量高达 3 800 万吨，运用配方施肥技术能够有效解决土壤化肥用量超标问题，减少土壤污染现象，具体是经对植物需肥量和土壤养分量进行计算，以此为基准予以适量施肥，最大限度地减少和控制土壤残存化肥量，以此降低其渗入地表水体水质的量，减少水体污染。

施肥结构不合理、施肥量不平衡是目前存在的第二大问题。据山东省化肥投入统计和土壤养分状况及种植业结构调查分析，2000 年全省氮、磷、钾肥料投入比例为 1∶0.51∶0.24，而合理的投入比应是 1∶0.45∶0.45，化肥施用量不平衡，某些地区盲目施肥现象严重。主要表现在：同一地区作物的施肥量和施肥时间上的简单模式化，出现农户在肥料投入量、种（施）肥方法等方面都较接近。在经济发达地区和一些农业大户施肥量有逐年上升趋势，尤其是蔬菜大棚等高效经济作物区大量滥施肥料现象比较普遍，农作物一般超量施肥 30% 以上，瓜、果、菜超量施肥 50% 以上，大棚蔬菜等少数经济作物甚至超过数倍[1]。

化肥污染自身又具有广域性、分散性、随机性、滞后性和不易监测的特点，治理难度大。较之于事后治理，事前预防效果更佳。因此，调控农户施肥行为是有效防治化肥面源污染的关键。

四、金融服务存在的问题

当前，我国正处于传统农业向现代农业转型跨越的关键时期，新型农业经营主体不断涌现，农业规模化、标准化、组织化、集约化水平持续提高，先进科学技术和农业装备应用快速推广，农业进入了高投入、高成本的发展阶段，农业农村经济对金融支持和服务的需求越来越旺盛，依赖程度显著增强。但

---

① 郭民. 山东玉米施肥现状、问题及对策 [J]. 农业工程技术，2018, 38 (35)：80.

是，当前农村金融供给与需求之间的通道仍然不畅，农业经济发展的金融需求尚未得到有效满足，这已成为农村金融领域最突出的矛盾之一，也是制约现代农业发展最重要的因素之一。

农业金融，即有关农业的货币资金的融通。指与农业生产有关的货币流通与信用活动。如农村储蓄存款的吸收和支付，农业贷款的发放和收回，以及两地资金的汇兑往来等。发展农业金融有利于农业资金周转，促进农业生产的发展。

为农业服务的金融机构主要是农业银行、农村信用合作社，其资产质量相对其他股份制银行，不能发挥很强的服务功能，管理较为薄弱，为农村提供金融服务的金融机构实力不够，尚没有形成特色和优势。目前已经初具雏形的村镇银行和小额贷款公司由于数量少、覆盖面小，尚不能成为支持两型农业发展的主力。我国现有的农村金融管理体制、机构体系不能为两型农业发展提供有效的金融支持。

五、气象管理服务存在的问题

我国是农业大国，同时也是气象灾害频发的国家，气象灾害给国民经济建设和社会发展特别是农业生产造成巨大影响。准确及时地预报气象灾害不仅可以减少其对作物产量的影响，也可以减少因错误决策造成的次生灾害。

农业气象服务受诸多方面的影响，目前存在以下几个方面的问题：

第一，农业气象服务水平较低。现如今，农业正在飞速发展，人们对于农业气象服务水平的要求逐渐增加。但是目前气象服务水平难以跟上农业发展的步伐，仅停留在预报天气、天气预警等层面。气象数据收集整理工作缺失。天气预报仅针对普通大众的日常生活，没有专门针对农业生产进行专门的气象服务。一般在普通县城才有气象服务站，但真正需要服务的是广大农村地区。而农村地区的气象资料收集与整理工作基本上处于空白状态。

第二，缺乏农业气象服务方面的人才。目前，气象部门缺乏对人才队伍建设的重视，工作人员由于专业知识水平较低，难以对农业气候、气象灾害等方面进行有效的评估。同时，多数基层气象部门有人才流失严重的现象，影响气象服务工作的展开。

第三，气象产品缺乏针对性。目前，在多数的气象信息服务产品中，对于农业生产所需的产品种类较少，并且缺乏针对性，没有对农户所处的地点、农产品种类进行考虑，导致部分气象服务产品搁置。另外，气象服务信息的传输渠道闭塞，农民主要通过电视、广播等方面了解天气信息，需要政府及媒体加大宣传力度。

六、农业旅游开发服务存在的问题

当前，大部分农业地区均设有建立农业旅游相关服务项目。建立的农业旅游项目几乎均为大中城市周边的农业园区，这种农业园区的主要任务不是农业生产而是观光，从而导致出现不少观光旅游农业园区经营状况不理想的状况。纵观这些观光旅游农业园区的主要问题，可以为未开发的农业旅游项目提供参考。它们目前主要存在以下几个方面的问题：

（一）缺乏科学的规划

我国传统农业高投入和低产出的现状，促进了观光旅游农业的快速发展。目前观光旅游农业在多数地区还只是处于起步阶段，在消费、服务、产品设计等方面还存在很多不足，市场尚需进一步培育。一般的观光旅游农业基本上是以企业、农民自主开发为主。近年来，一些地方的领导、经营者和农户急于发展经济、增加收入，凭着一股热情和美好愿望，没有做充分的市场调查和投资分析，农业观光项目利用现有农田、果园、牧场、养殖场一哄而上。而规划单位和规划成果内容五花八门，规划缺乏科学、务实的技术规范和理论指导，加上管理不规范，使得项目设计趋同，布局不合理，功能不配套，市场定位不明确，缺乏个性化和文化内涵的问题屡屡发生，在开发建设上随意性较大，简单仿效，粗放经营，存在着一定的无序性和盲目性。结果不少项目因低层次开发，产品品位不高，配套设施和环境较差，很快导致衰落甚至停业。有的地方由于开发不当，甚至造成了生态环境和景观的破坏性开发，"盆景效应""形象工程"等重政绩轻实效的不良现象频繁出现，造成国家资源和财力的大量浪费和重复建设①。

（二）项目投资差异大

观光农业建设投资规模参差不齐，园区建设水平和管理水平差异显著，两极分化明显。由政府投入的一些园区规模较大，有些园区甚至投资数亿元，但巨大的投入也成为其今后经营中的负担。而大多数观光农业项目由于投资规模偏小，园区缺乏系统的规划设计，难以有完善的设施体系，园区景观建设杂乱无章，其"晴天一身土，雨天一脚泥"的环境常常让游人乘兴而来，败兴而归，使其丧失吸引力而导致项目失败。

（三）可持续发展性较差

长期以来，观光旅游农业规划缺乏可持续发展和生态规划理论的指导，加

---

① 参见 http://baijiahao.baidu.com/s？id=1641668503602422586&wfr=spider&for=pc.

上经营过程过度背离农业产业基础，农业产业化水平不高、可持续发展理念不突出，导致农业园区不能可持续发展。规划多侧重于景观及旅游观光方面的规划，而对农产品的综合开发和农业产业的可持续发展涉及甚少，有的甚至没有涉及，这种规划自然背离了观光旅游农业园区建设的初衷。

（四）定位模糊，缺乏特色

目前，国内很多园区在规划过程中未充分调查、分析地方的产业优势和挖掘地方传统文化与自然资源特色，以致对园区的发展不能进行准确的定位，只会简单照搬国外建成的农业园区项目或模仿一般旅游景点的做法，最终导致项目设置雷同，杂乱不合理的设施营造和休闲项目设置使观光旅游农业园区丧失特色，过度注重依靠旅游设施和手段使农业观光失去了吸引潜在客源的特色，从而丧失对游客的吸引力和自身竞争力，特色不鲜明，没有长久的吸引力。

（五）破坏自然生态，丧失观光旅游本色

许多观光旅游农业园区在规划建设的过程中，园区规划和景观营造大多是模仿风景区的规划或旅游规划的相关程序与要求，造成很多本属于公园或风景区的设施和人工景点却出现在观光旅游农业园区内。同时对于景观的营造规划，未充分分析和尊重当地的自然资源现状，不能体现乡村田园风光的特色和观光农业的本质，而是想当然地对功能区和景区进行划分，造成很多本来很有特点的地形、地貌被忽略，甚至被人为破坏，增加了很多不合理的景观设施，不仅耗费大量的投资资金，而且破坏项目区上的自然生态特征，造成农业观光园区本质特色的丧失。

（六）管理不善，经营不佳

个别农业观光园区经营管理机制和管理体制不完善，存在产权不明确、机制不规范、债务不明、资产约束力不强、经营动力不足等问题，出现"只进不出""重建设、轻管理"的现象，没有产生经济效益。因此，其不但没有起到示范带头作用，还成为当地政府的负担。

（七）政府支持与服务没有形成合力

现代观光旅游农业虽然对农民致富的作用明显，但由于涉及旅游、农业、林业、水利、工商、环保、税务、卫生、交通、建设、电力、电信等多个部门，各部门的支持政策和扶持项目侧重点有所不同，还没有统筹安排，无法形成支持现代观光农业旅游发展的强大合力。

第四节　"互联网+农业"服务平台

一、虫草防治服务的"互联网+"服务

在农业产中服务的这个环节，如何科学化使用药剂是一个重要问题；同时，如何减少药剂的使用也是需要解决和问题之一；如何提高效率，减少人工的使用也是现代农业面临的重要问题之一。针对以上几个问题，建立农业服务平台，可以有效解决或者缓解部分问题。

首先，农业服务平台是一个科学技术集散地，也是多部门联系轮式的交流场所。这里政府可以提供大量的科学和安全的除草剂的信息。同样，也可以通过农业专家对平台上的相关产品进行一定试验研究或者检测。这样可以保证药剂本身的安全。

其次，在农业服务平台上，由种植专家与农业科学家对相关农产品全过程中除草方式进行科学的建议与指导。这样从根本上解决虫草灾害的发生。

最后，农业产品的除草相关内容也可以给消费者提供透明的生产过程，让消费者消减心中的疑惑与担心。

在互联网+技术更进一步的发展基础上，自动喷洒机、自动除草机。无人机等相关技术的成熟。农户可以直接在电脑前指挥相关机器进行农业生产。这样可以进一步缓解人力缺乏的问题。同时，互联网+服务平台可以提供相关技术支持与技术培训等相关服务。更进一步提高农业生产的现代化水平。

二、水利灌溉服务的"互联网+"服务

水利灌溉的主要问题是管理模式与科学灌溉这两方面的问题。而引入"互联网+农业"服务平台，可有效解决这两方面存在的问题。

首先，"互联网+农业"平台改变了农业水利灌溉的传统管理模式，它是在政府、农户、农技、气象、种植、土壤等各行各业的专家及科学知识基础上进行的决策行为。同时也是一个数据收集与整理平台。为农户提供专业指导的条件下，同时也能够收集相关的科研数据，为后面的种植提供更多的研究一手资料。这是对双方无前好处的一个事情，打通了科研与实践之间的障碍。

其次，市面上普遍利用的是传统的漫灌或根据土壤湿度阈值进行灌溉，这些方式不仅浪费水，而且无法合理化地满足作物的生长需求。科学合理灌溉是必要和紧迫的，但是，如何获取足够且精准的数据变成了农业科学灌溉的重

点。因此，为从根本上解决这一问题，需要从历史灌溉数据着手，并集中利用专家经验获取有效的灌溉数据，此项技术的普及能切实地让农民更直观地了解种植作物的情况。此外，通过对作物相关信息精细化地监测、控制和处理，能够为农作物创造一个更有利的生长环境。通过对智慧农业灌溉系统的利用，人们能精准预测出不同土壤、不同环境、不同作物以及同一作物的不同时期的当前灌溉量，使农作物从育苗到收获始终处于最适宜的环境。而"互联网+农业"服务平台刚好就顺应了这个需求，它是发展现代农业的一个重要方向，此举对我国农业现代化的进程有着显著的推动作用。

三、助苗壮苗服务的"互联网+"服务

务农重本，国之大纲。随着农业经济在我国的不断发展，肥料成为不可缺少的农业生产资料，施肥是最直接的农业生产措施，肥料的使用可以带来作物的高产。

由于我国农业技术服务体系并不健全，仍然存在配方肥应用难、技术入户率和到位率极低等问题，使测土配方施肥的推行和应用到户成为难题。因此，亟须寻找科学的施肥方法来指导田间作业，减少肥料的大量浪费，提升果实品质。"互联网+"现代农业的不断进步，推动着乡村振兴战略的实施，也使农业信息移动技术开始应用"互联网+"与测土配方相结合的"智慧施肥"成为目前解决问题的关键。所谓"智慧施肥"，即以互联网思维为依据，充分利用现代移动信息技术成果，实现智慧施肥，打造安全便捷的施肥平台。与此同时，各种基于地理信息系统（GIS）的施肥系统大量涌现，将施肥模型嵌入系统，让农户可以在计算机上查看所需施肥比例和施肥量，能够在一定程度上缓解施肥不当的问题。

鉴于此，智慧农业服务平台的建立，利用移动 GIS 的便捷，使智慧施肥的实现成为可能，针对不同地块具体问题具体分析，精确测定土壤的肥力状况，以"缺什么补什么"的原则指导施肥管理、调整土壤肥力。

四、金融服务的"互联网+"服务

产中农业金融服务主要存在机构少、放款不及时等各种问题。同时，由于银行贷款集中投放，主要客户为中小涉农企业以及农户，且主要用途为农业生产，此时银行放贷的风险必然会增大，农业生产获得的放贷规模便会受到限制，此时，将互联网技术引入农业价值链融资，就为农业生产单位与金融机构带来了信息优势与成本优势。以上存在的信息沟通问题、贷款的用途及去向都

是通过"互联网+"服务平台及时了解。这样金融机构与农业生产者都可以从中受益。其实践意义主要体现在三个方面：

一是有利于完善征信体系。农村地区的人口分散、文化水平低、征信成本高，农民的生产生活数据难以被规范化统计。而利用互联网可以在农户享受互联网金融服务的同时，将其消费、收入以及信用都记载下来。而且获取互联网金融服务次数积累，使征信数据具体化、精准化，有利于依靠大数据解决信息的不对称问题，减少金融风险，使农民获得更多的金融服务种类与份额。

二是有利于拓宽"三农"融资渠道。目前，农村金融的服务对象主要是农户，但是农户贷款规模较小、失信风险高等因素导致传统的金融机构对农户贷款的门槛很高。而互联网金融的去中介化使得贷款成本极大减少，使借贷双方突破时间与距离的界限，有利于资金快速从盈余方流到需求资金的农户手中，实现随时随地贷款。

三是有利于增加收入。第一，增加农户的收入，互联网技术与平台可以减少农户的生产成本，随着在电子商务不断壮大，人们对互联网销售渠道的认可度越来越高，这可以降低销售者对销售场所的依赖，能够及时获取市场对各种农产品的需求程度并及时调整生产规模与种类，减少成本，增加收入。第二，增加金融机构的收入，互联网金融边际成本为零，有利于开辟长尾市场，增加营业收入。

五、气象管理服务的"互联网+"服务

在各类天气预报中，短时临近天气预报凭借着高效、精确的优势占据着关键地位，对农业气象服务中发挥的实际作用也是无可取代的[①]。

1. 不断提高预报的科学技术水平

一方面是需要配备先进的气象服务设备和气象技术创新团队，来对灾害性气象天气展开深入研究和精准预测，从而构建出一个功能强大、技术含量高的气象服务系统。另一方面是要以统一的"互联网+农业"服务平台对现有的农业气象服务以及短时临近天气预报综合观测系统加以完善，使其向自动化、标准化、集约化方向发展，同时要将雷达、自动气象站等观测技术的作用充分发挥出来，使其能更好地服务于现代农业生产。

---

① 陈瑞林，林旭东，陈英俊. 短时临近天气预报在农业气象服务中的实践 [J]. 现代农业研究，2020，26（12）：113-114.

2. 建立一个完善的气象预警体系和短时临近天气预报服务体系

短时临近天气预报是气象部门开展工作的数据来源，因此只有以地面观测系统、卫星和雷达等为基础，对外推预报技术、检测识别技术等加以利用，才能建立一个相对完善的短时预警业务体系。设立专业化的部门岗位，加大对气象人才队伍的培训力度，让他们对相关业务流程达到充分掌握的程度，从而建立起精细化、专业化的短时临近天气预报业务系统，为农业气象服务的迅速发展提供源源不断的动力。

3. "互联网+"可以提供多样性产品

"互联网+"服务平台可以引进优秀的工作人员，全面抓住农业的特点以及对于气象信息的需求，积极开发具有多样性的产品。例如，培养当地的气象服务保障人员深入田间，实地查看作物生长状况，向正在劳作的农夫详细了解农业经济作物冬季生长发育阶段对气象服务的需求。通过与当地人的沟通，气象工作人员了解了农户对气象服务的迫切需求，将这些需求直接通过服务平台上传到气象服务部门或者政府部门的信息反馈单元。为更有针对性地开展冬季农业气象服务奠定了基础，在助推精准脱贫上发挥更加积极的作用①。

六、农业旅游开发服务的"互联网+"服务

在农业旅游和质量监督服务中，互联网服务平台是解决问题的最好方式之一。

（一）服务平台通过大数据解决规划问题

互联网服务平台的建立，可以改变目前我国传统农业高投入和低产出的现状，促进观光旅游农业的快速发展。可以解决起步阶段在消费、服务、产品设计等方面的问题。以产品为主线，带动消费旅游、体验旅游、质量监控旅游等，从而培育农业旅游市场。

首先可以利用消费者对农产品质量存疑这个点，运用目前流行的直播形式，展开质量的跟踪直播，为农产品销售提供一个更透明的市场环境。

在此基础上，可以通过在线调研、问卷调查等方式向全国、全球的用户调查他们对项目的需求情况。然后通过先试点、再推广、差异化、配套化、流程化、一体化将观光旅游农业慢慢建立起来。这样就避免了"冲动建园""盆景效应""形象工程"等重政绩轻实效的不良现象频繁出现，减少国家浪费资源及财力的情况。

---

① 王晏东. 新形势下农业气象服务工作现状及改进对策 [J]. 科技风，2020（15）：149，179.

（二）农业服务平台系统化统筹标准化项目建设

建立互联网农业服务平台可以解决原来观光农业建设投资规模参差不齐，园区建设水平和管理水平差异显著，两极分化明显等问题。"互联网+农业"服务平台由于受到经济效益的导向，会遵守由小到大、统筹规划、科学建设、需求导向的建设方针，以客户满意为导向的服务遵旨。从而建立完善的设施体系、统筹规划的园区景观、适应市场的服务内容，服务好农业增收、增质的终极目标。

（三）农业服务平台的建立可以保证农业观光的可持续发展

农业旅游观光的基础是农业生产，旅游服务仅是其增加营收的一种方式，并非主要方式。故可以通过旅游农业实现可持续发展和生态发展。主营为农业生产与质量保证体系，旅游是扩大影响、保证销售和产品开发的一种辅助模式。因此，重点是在于农产品的综合开发和农业产业的可持续发展。这种相辅相成的关系不仅体现观光旅游农业园区建设的初衷，也解决了产品销售、质量和产品开发的一系列问题。

（四）农业服务平台通过大数据解决定位模糊、缺乏特色的问题

由于有农业服务平台的存在，可以事先通过问卷调查、网络直播信息收集等方式直接获取市场的第一手数据。从而可以分析地方的产业优势和挖掘地方传统文化与自然资源特色，对农业旅游的发展准确定位。改正了只会简单照搬国外建成的农业园区项目或模仿一般旅游景点的错误做法，避免出现项目设置雷同，杂乱不合理的设施营造和休闲项目设置。从而做出符合自己特色的旅游农业园。基于农业生产的基础设施，适当增加农业体验、农业质量透明度等。通过差异化来解决生产、观光、销售一体化问题，保证客户满意度与品牌效应的大幅提高。

（五）农业服务平台主要作用是解决农业问题，故不会破坏自然生态

基于农业生产现有旅游观光项目和目前许多观光旅游农业园区在规划建设的项目不同。它的主要作用是提高农业的产品知名度、质量、规模和收入，不会破坏环境，只是在原来的耕地基础上做一点改造。不需要耗费大量的投资资金，而且也不需要破坏项目区上的自然生态特征，保证了农业观光园区的本质特色。

（六）农业服务平台可以提高科学管理经营水平

农业经营平台是营利性的，在这种权责明确的经营管理机制下，解决了以前农业园区出现的管理体制不完善、产权不明确、机制不规范、债务不明、资产约束力不强、经营动力不足等问题。可以发挥示范带头作用，并且增加当地政府的税务。

第十一章 "互联网+农业"产后服务

产后服务是互联网大有作为的地方。产后服务不应该在农业产品成熟后才介入，而应该在前期播种到青苗期就介入。这样不仅可以提前预订产品，还可以发展更多农业相关体验产品和服务，提高销售的同时，额外增加收入。"互联网+"产后服务主要从图 11-1 所示的四个方面进行论述。

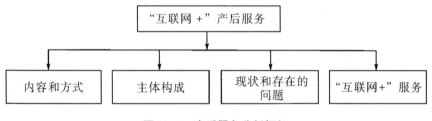

图 11-1 产后服务分析框架

第一节 产后服务的内容和方式

农业生产的产后服务主要有收割服务、烘干仓储服务、品牌建设服务以及销售服务。

一、收割服务的内容和方式

收割一般指割取农作物，是农业生产非常重要的一个环节。其中主要包括将农作物从田地收割、运输、取籽、处理植物茎叶等一系列活动。目前在我国存在以农户人力收割，机械运输、机械取籽的收割方式；还有直接用机械进行收割、取籽一体化，然后机械运输的收割方式。

二、烘干仓储服务的内容和方式

近年来，粮食连年高位增产，粮食产能不断巩固提升。同时，粮食干燥与储存问题已经上升到与提升粮食产能同等重要的地位。

烘干，是指用某种方式去除溶剂保留固体含量的工艺过程。通常是指通入热空气将物料中的水分蒸发并带走的过程。按照热传导、热对流、热辐射三种热传播的方式，烘干也有相对应的三种方式：烘筒式烘干、热风式烘干和远红外烘干。本章主要是指去除农业产品中水分的过程。

传统仓储是指利用仓库对各类物资及其相关设施设备进行物品的入库、储存、出库的活动。现代仓储是指在传统仓储的基础上增加库内加工、分拣、库内包装等环节，仓储是生产制造与商品流通的重要环节之一，也是物流活动的重要环节。本章主要是指与农业产品相关的全部过程。

三、品牌建设服务的内容和方式

品牌建设是指品牌拥有者对品牌进行的规划、设计、宣传、管理的行为和努力。"品牌"是一种无形资产；"品牌"就是知名度，有了知名度就具有凝聚力与扩散力，也就有了发展的动力。

品牌建设工作包括三个阶段：战略规划阶段、品牌建设阶段和品牌形成阶段。一个好的品牌规划，等于完成了一半品牌建设；一个坏的品牌规划，可以毁掉一个事业。做规划时要根据品牌的十大要素提出很明确的目标，然后制定实现目标的措施。品牌建设阶段很重要。其中最重要的一点，就是确立品牌的价值观。确立什么样的价值观，决定企业能够走多远。有相当多的企业根本没有明确、清晰而又积极的品牌价值观取向；更有一些企业，在品牌价值观取向上急功近利、唯利是图，抛弃企业对人类的关怀和对社会的责任。品牌形成阶段是指企业要根据市场和企业自身发展的变化，对品牌进行不断的自我维护和提升，使之达到一个新的高度，从而产生品牌影响力。直到能够进行品牌授权，真正形成一种资产。这三个阶段，都不是靠投机和侥幸获得的，也不能够一蹴而就。

农业新产品的品牌建设同样需要经历品牌建设的三个阶段，需要根据新产品特点、战略定位、品牌价值等进行品牌规划、品牌建设和品牌形成。

品牌建设的方式目前学术界没有形成较为明确的说法，主要是根据以上建设内容开展相关工作的。

四、销售服务的内容和方式

销售是指以出售、租赁或其他任何方式向第三方提供产品或服务的行为，包括为促进该行为进行的有关辅助活动，例如广告、促销、展览、服务等活动。本章主要指农业产品的出售和相关服务活动。

销售模式指的是把商品通过某种方式或手段，送达消费者的方式，完成"制造→流转→消费者→售后跟进"这样一个完整的环节。当下市场上运用较多的销售模式分别是直销、代销、经销、网络销售、目录销售、电话销售等。

第二节　产后服务的主体构成

一、收割服务的主体构成

收割服务主体主要涉及农户、农机单位、运输单位、包装单位、政府等相关单位。

二、烘干仓储服务的主体构成

烘干仓储服务主要涉及的主体有农户、农业机械单位、包装运输单位及销售单位等。

三、品牌建设服务的主体构成

品牌建设服务的参与者包括品牌的所有接触点，包括消费者、生产者、政府、渠道、合作伙伴、媒体，甚至竞争品牌。

四、销售服务的主体构成

销售服务主体有农户、机构单位、包装单位、销售单位、运输单位、消费者、质量监督部门、金融机构等。

第三节　产后服务存在的问题

一、收割服务存在的问题

收割服务目前普遍存在以下几个方面的问题[①]：

---

① 石良华. 联合收割机械在跨区作业中存在的几个问题 [J]. 科技创新与应用，2013 (27)：296.

（一）信息不畅，使收割机不能有序流动

目前，联合收割机不是一个公司或者政府组织的集体所有，而是分散在各个民众的家里或者不同地区。这种租用或跨区作业中的效率高低，取决的因素之一是信息。近几年收割机保有量持续增多，作业范围不断扩大。机械拥有者无法得到有关收割信息，一旦不能确切掌握某一地区的机械是否饱和，只是看到适宜机收的面积大、价格高，就向某一地区集中，再者是对农作物收割期预测不准，使得收割机跨区作业要么过早、要么滞后，给农机拥有者和农户均造成经济损失。

（二）"散机"现象严重

在跨区作业的联合收割机中，"散机"现象严重，所谓"散机"就是不参与跨区作业队，而自行跨区作业。"散机"造成管理混乱，增加收割市场的不确定因素，不能发挥收割机的最大效率，也给农机拥有者及农户造成较大损失。

（三）联合收割机的配件供应及修理点少

联合收割机在农业机械中结构比较复杂，技术含量较高，特别是半喂入式联合收割机。目前，联合收割机的配件供应及修理主要是各收割机生产厂家设置，它远远不能满足日益增长的收割机需要。只是在收割期间才有人员住在服务中心，主要还是三包服务人员。特别是长江以北地区的半喂入式联合收割机配件供应及修理就更少。

（四）安全生产意识淡薄

联合收割机机手大部分安全生产意识淡薄。他们认为联合收割机行走速度慢，大部分时间在日间作业，安全方面不会出现问题。正是这种思想引发安全事故，其主要表现在因为联合收割机机器故障引发的安全事故。例如联合收割机的旋转部件脱落，突然转向而造成伤人，毁机事故。

二、烘干仓储服务存在的问题

实践证明，加强粮食干燥与储存，有利于促进农民增收，有利于提高农业综合效益，有利于保障国家粮食安全。然而在粮食干燥与储存方面仍然存在瓶颈制约，造成粮食损失。

在粮食干燥与储存方面，主要存在以下几方面的问题：

（一）产后处理不科学，粮食损失较大

据调查测算，某省因晾晒不及时、晾晒不当、储存方式不合理等因素，造成粮食虫害、鼠害、霉变、发芽，每年损失粮食5%左右，全省大约损失粮食

45亿斤。特别是公路晾晒粮食，存在着天气、人工、晾晒场地等许多难以掌控的因素，轻者造成粮食品质下降，重者发生霉变腐烂、带来较大损失，不仅直接导致道路交通事故频发，而且还容易导致粮食二次污染。

（二）重视程度不高，地区间发展不平衡

各地普遍把工作重心和项目资金放在了粮食的产前、产中环节，忽视了粮食的产后处理，特别是粮食干燥环节。地区之间在推广干燥机械设备方面也很不平衡，东部地区由于经济基础较好，在推进粮食干燥机械化、建设现代仓储设施方面起步早、力度大、发展快，有的已建成区域性的粮食干燥服务中心，部分粮食主产区在粮食干燥与仓储方面发展迟缓，制约了土地规模化种植和粮食生产。

（三）机械研发生产滞后，不能满足发展需求

如安徽省是农机使用大省，也是农机制造大省，全省规模以上农机企业近千家，销售收入过千亿元，产值、收入、利税均居全国同行业前列。但是在粮食干燥机械设备的研发与制造方面，还处于起步阶段，未形成具有核心领先技术的自主品牌。全国干燥机械生产企业约500家，该省不到10家。目前在该省销售推广的外地企业生产的粮食干燥机械设备，与该省的粮食干燥市场需求差距较大。因此，在机械设备研发生产方面有很大的发展空间。

（四）市场主体培育乏力，经营效益不明显

目前从事粮食干燥业务的市场主体不足，如安徽省还没有形成稳定的市场主体。虽然该省各类农民合作社发展速度较快，目前总量已近10万家，其中仅农机合作社就有5 000多家，但是从事粮食干燥业务的只有150家左右。

（五）政策不配套，用地难、融资难问题突出

虽然近年来国家和省出台了很好的政策，把粮食的晾晒、干燥、仓储用地列入农业附属设施用地范围，并明确提出了用地规模，但是在基层，由于受用地指标和用地规划的限制，农民合作社和种粮大户的粮食晾晒场地问题难以解决，干燥设备和粮仓的用地难以得到审批。同时，由于农民合作社和种粮大户资本积累十分有限，加上前期在流转土地、购买农资等方面的生产性投资较多，所以在粮食干燥与仓储方面的筹资困难，直接制约了干燥机械等较大型农业机械产品的发展。

三、品牌建设服务存在的问题

《中共中央关于推进农村改革发展若干重大问题的决定》指出"要发展农业产业化经营，促进农产品加工业结构升级，扶持壮大龙头企业，培育知名

品牌"。所谓农产品品牌，就是使用在农产品上，用以区别其他同类和类似农产品生产经营者的显著标记。品牌就是竞争力，推进农产品品牌建设是贯彻落实科学发展观，促进传统农业向现代农业转变的重要手段，是新时期发展现代农业面临的重大任务，是农产品实现市场价值的重要保证，对于提高农产品的知名度和附加值，增加农民收入，促进现代农业发展具有重要的现实意义。在农业产品品牌建设过程中主要存在以下问题[①]：

（一）农业标准化建设不统一

农业标准化是一种"统一、协调、简化、优化"的农业产前、产中、产后生产标准以及管理标准，统一的农业标准化建设有助于推动农产品品牌的培育与建设。目前，我国各地区农业标准化建设不统一，因此对于农产品品牌的培育产生了一定的障碍，同时也缺乏高质高效农产品品牌培育的参考。这是目前我国农产品品牌培育中最大的难点。

（二）缺乏农产品品牌培育库

品牌培育库是农产品品牌培育工作有序开展的前提。我国地大物博，农产品种类丰富、各具特色，完善的农产品品牌培育库可以为农产品品牌培育分类管理提供良好的辅助。目前，我国农产品品牌培育属于按批次培育，这种培育模式单次培育数量少，农产品品牌培育见效慢，影响着我国农产品著名品牌的培育与宣传。

（三）绿色农产品品牌培育不足

绿色农产品在现代市场消费需求较高，市场占有比例较大。目前，我国绿色农产品品牌还处于培育发展阶段，关于绿色农产品品牌的创建与培育服务机制还在进一步探索与完善之中，因此我国绿色农产品品牌培育周期较长，绿色农产品品牌数量在市场的实际占有率较低。这也是当前农产品品牌培育的难点问题之一。

（四）农产品品牌宣传力度不够

农产品品牌的宣传是提高农产品市场竞争优势的关键，影响农产品市场竞争力提高的主要因素还是农产品的质量。由于农产品品牌完成注册后宣传力度不足，因此部分农产品品牌的市场销路难以打开，品牌效力难以发挥。加之市场上每年同类产品较多，导致竞争压力较大，部分农产品品牌在培育中后期就偏离了品牌的作用，难以发挥实际的价值。

---

① 祁坤．当前农产品品牌培育的难点思考及对策分析［J］．农村经济与科技，2019，30（24）：231-232．

（五）缺乏农产品品牌市场监管体系

品牌农产品是拓宽农产品市场销路、发挥农产品市场优势的关键。农产品品质是决定品牌农产品市场认可度的关键因素。随着农产品品牌不断增多，品牌农产品质量难以得到保证，而市场上缺乏对于品牌农产品的完善的监管体系，在品质管理上存在着疏漏，导致一些品牌的农产品质量较差，难以取得市场的长期认可。

四、销售服务存在的问题

目前，农业销售服务主要存在以下几个方面的问题：

（一）"互联网+农业"发展中的政府角色定位不准确

"互联网+农业"市场是否规范直接关系到农户的切身利益。政府有义务引导"互联网+农业"政策实施和落实，同样在农产品营销过程中也需要政府提供必要的监督和行政服务。中央支持农业"互联网+"电子商务，但也指出电商是建立在自愿、有偿的原则基础之上。各级政府组织只需要为生产端与流通端提供服务，而不是直接参与和代替操办。当前的"互联网+农业"政策落实从总体来看是良好的，但是我们不能忽略的是目前农村电商控制权依旧集中在乡镇、村级干部手中，"互联网+农业"中物联网等大型信息服务平台处于萌芽阶段，政府干部的寻租行为往往会扰乱"互联网+农业"电商市场秩序。

政府行为的缺位常常表现在监管和服务上。针对"互联网+农业"非农危机和农民与政府、农户之间的交易纠纷以及政府管理人员的行为失范等问题，没有明确的规章和渠道抑或者是专业机构来监管和行使处罚权力。服务上的缺位主要是因为，目前为止还没有全面建立专业化的"互联网、大数据"农业数据分析服务体系，使得"互联网+农业"电商环境混乱，农业产品交易法律法规宣传工作不到位，普法宣传服务缺失，导致基层干部和农户对于新型"互联网+"农产品政策认识不清晰，造成在实际交易中的行为偏差。这些都是政府服务效率不高甚至缺位导致的。

（二）传统农业经营方式根深蒂固

中国是农业大国。根据相关预测，2020年中国农村总人口将达到6亿。在农民人数众多的情况下，根深蒂固的传统农业思想已成为"互联网+农业"发展中的主要痛点。第一，经济主体是个人，很难形成规模。第二，农产品生产很难适应市场的变化。因为对应的信息服务平台不足，农民的信息接收能力弱，与"互联网+农业"市场衔接存在断层，很难及时掌握市场变化及供求信息，靠天吃饭、按心情生产的传统模式使得农业生产脱离市场和消费者，也因此产生农产品生产信息与消费不对称等诸多问题。第三，农业科技水平较低。当前经济社会条件下，农业发展水平与经济社会发展水平已严重不相适应。究其原因，是农业科技创新的水平较低，农产品质量难以保证。

（三）农产品标准化程度低

农产品标准化是指农业有关部门制定和实施的一种标准，把农产品的产前制作、产中运输和产后营销各个环节纳入标准生产和标准管理的轨道。可标准化农产品是指农产品在一定时期内重量、质量、规格、包装、运输、仓储等在常温下保持相对稳定，且通过制定一系列的定量标准来规范农产品。"互联网+"与现代农业的结合，将农产品直接对接大市场，弱化中间交易环节，因而流通环节成为保持农产品质量的重要环节。然而，在实际运输过程中农产品物流损耗大、流通环节多、流通成本高等问题频出，显然农产品流通标准化程度低已成为制约农产品物流乃至"互联网+农业"发展的一个关键因素。生产方面，农产品的分类、分级、分等没有完备统一的标准，误差过大。另外，农产品包装的标准化程度低，物流技术和冷链设备、操作规范及技术的运用未能充分发挥效用，这给"互联网+农业"营销运输端带来一定的困难。

第四节 "互联网+"服务

一、收割服务的"互联网+"服务

（一）重视农业物联网建设

在农业生产过程中的农业生产效率化方面，植树造林技术和农业知识发挥着决定性的作用。日本通过互联网将技术和知识数字化，为农业生产者和企业提供持续的数据和经验。十分重视农业网络建设。日本在 2004 年的早期，广泛利用"日本农业网络"构筑一个人和物能够相互交流的综合网络社会。在 2014 年，超过 50% 的日本农民使用这项技术。另外，日本政府在这项技术的支援下，在 2020 年提出了农作物出口额超过 1 兆日元，农业中的物联网达到 600 亿日元和 580 亿的巨大规模的计划。预计信息农业将使用云计算技术来引导农业生产占据农业市场份额。另外，日本政府还特别注重智能农业，提倡普及用于农业生产的机器人。

（二）提供完善的农业市场信息服务

日本政府建立了完整的农业市场信息服务体系。一方面，是由"农产品中央批发市场联盟"主办的市场销售信息服务系统；该系统涵盖了日本农产品的 564 个地区批发市场。每天，日本的农户通过销售信息服务系统，实时学习国内农产品的销售量和进出口通关的总量。无论在哪个地区，只要登录销售信息服务系统，随时都可以将销售信息记录下来，可以实时正确把握销售额。另一方面，与农业产品市场的预测系统的信息共享相结合，农户可以实时知道农产品的生产量和市场状况。依靠这些，日本的农户在国内外的市场上掌握农产品的信息，就能为自己的农业生产制定正确的计划。

（三）为农业科技生产提供信息技术支持

日本政府重视提供有关农学、技术生产的信息技术支援。全国的农业研究机构共有 29 个国立农业研究机构，全部由网络共享。作物的植物特性和栽培指示可以根据不同种类、地区和其他维度，在互联网上进行详细的询问。其中，区域农业改善普及中心和农业协会和农民之间进行了双向的在线咨询，两者对于困难的理解和问题的解决都很便捷。日本政府特别注重计算机在农村地区的普及和应用，发布了一系列农民购买计算机、学习计算机技术的政策。在日本，为了应对农业生产者的老龄化，开发了对老年人来说方便的交互式界面，并对其进行了内容充实的训练。政府还定期把专家和技术人员送到农村，以教授农户使用农业技术和计算机等现代机器的技能。

二、烘干仓储服务的"互联网+"服务

现代粮食仓储物流不是传统意义上的"粮食仓库""粮食仓库管理""粮食配送"，而是在经济全球化与供应链一体化背景下的粮食仓储物流，是现代粮食物流系统中的粮食仓储，它是以满足粮食供应链上下游的需求为目的，在特定的有形或无形的场所，运用现代技术提供粮食的仓储、运输、加工、包装以及配送等服务。以物流服务为主的粮食仓储物流主体主要包括粮食购销企业、粮食仓储企业、粮油加工企业、粮食运输企业等①。因此，目前传统的仓储需要"+"互联网进行改造升级。建立"互联网+农业"服务平台可以适应目前粮食仓储物流的新要求，为此需要在基础建设上下功夫。有的学者给出如下建议：

积极推进粮食烘干机械化。加大烘干设备研发力度，有效整合产学研等各方面资源，加强技术研发攻关，开发出更多的性能稳定、节能环保、经济适用的通用机型。坚持收获与烘干相结合、分散烘干与集中烘干相结合、固定烘干与移动烘干相结合，根据不同区域能源条件、不同粮食烘干方式，科学合理地

---

① 易小兰，张婷，李喜朋. 江苏省粮食仓储物流设施建设现状、问题与对策研究 [J]. 粮食科技与经济，2018，43（1）：98-100.

确定煤、电、油、秸秆、太阳能等能源利用方式，充分利用自然光风、秸秆资源，降低烘干成本投入①。

着力打造一批粮食烘干示范基地，建设若干区域性粮食烘干服务中心，努力提高粮食生产全程机械化水平。特别是在粮食收获季节遭遇连阴雨天气时，充分发挥好社会烘干设备资源的战略储备作用。

持续改善粮食储存条件。积极推动农户科学储粮，引导农户建设简易储粮仓、自然通风仓、彩钢板组合储粮仓等"小粮仓"。鼓励农民专业合作社、种粮大户建设小型粮食仓储设施，购置新型储粮装具，改善农民口粮储存条件。

充分挖掘现有粮食仓容潜力，整合利用仓储资源，鼓励国有储粮企业承担社会责任，利用好闲置的仓储资源，为周边种粮农户提供仓储服务。鼓励和引导粮食储备企业、粮食加工企业、粮食经销企业、农业专业合作社和种粮大户，实行粮食订单烘干和订单储存，将其打造成"粮食银行"，探索粮食产后统一烘干、加工、储存、销售的经营模式。

出台相关扶持政策。探索实施储粮专项补贴，对农业专业合作社、家庭农场、种粮大户等新型经营主体建设烘储仓、自然通风仓等初加工设施进行专项补贴，使国家现代粮食物流专项资金、国家千亿斤粮食仓储资金等向新型经营主体倾斜。对研发生产粮食烘干机械设备的农机企业，要在税收减免、贷款融资等方面给予优惠。

加大粮食烘干机械补贴力度，进一步提高烘干机械补贴比例，鼓励有条件的地方对烘干机械实行累加补贴，拓展粮食烘干设备购置补贴范围，有效解决农民"买不起"的问题。在保障机械烘干建设用地方面，对符合设施农用地条件的粮食烘干设备及库房用地，按照农用地标准及时审核解决。建议将粮食烘干用地纳入新农村建设整体规划，优先予以保障。

综上，"互联网+农业"服务平台是解决好政府政策、农机技术改造、存储信息普及、资源共享、政府补贴等问题的共享平台。所有的信息都是及时公开、信息共享、沟通及时、政策也随时应对。同样可以跨区整合资源。因此，建立"互联网+农业"服务平台是解决好仓储问题的一种有效手段。

三、品牌建设的"互联网+"服务

通过建立农业"互联网+"服务平台。可以有效解决农产品品牌建设中存在的一些问题。

---

① 易小兰，张婷，李喜朋. 江苏省粮食仓储物流设施建设现状、问题与对策研究 [J]. 粮食科技与经济，2018，43（1）：98-100.

（一）农业服务平台有利于加强农业标准化建设

现阶段，我国首先要在农业各个领域中加强标准化建设，重视地区性、复杂性、文字性、实物性的标准化建设，将农业标准化作为引导农产品品牌培育与建设的基础，在农产品品牌培育中重视文字标准与实物标准的结合，通过农业标准化规定全面确保品牌农产品的质量，缩小消费者对于农产品品牌质量预期与实际的差距，为消费者提供一个良好的农产品消费环境。而"互联网+"服务平台可以在这方面做出比较好的示范效应。因为质量标准直接决定农业产品的售价，服务平台通过调整售价和售后服务的相关内容。达到引导农业生产部门统一标准、提高要求、标准化作业等一系列有利于品牌建设的操作。服务平台也可以结合本地特色与专业知识。给出不同级别农产品的生产标准和管理标准，细化农产品品牌建设的管理，培育出能够满足市场需求的，能够促进地区农产品销售，带动地区经济发展的农产品品牌。

（二）互联网平台有利于建立农产品品牌培育库

互联网服务平台可以根据往年新产品的销售情况和消费者反应，制定不同的品牌战略。给出各种品牌质量消费者的质量标准与喜爱程度。这样可以对相关生产部门的所有的农产品进行品牌资源整理，建立所在区农产品品牌培育库。对于农产品品牌培育库，可以按照知名商标、著名商标、地理标志进行分类分级管理，按照农产品品牌的级别有针对性地培育有特色、质量较好、市场认可度较高的高质农产品资源。

（三）互联网服务平台有利于加强绿色农产品品牌培育

随着人民消费水平和健康意识的提升，绿色农产品品牌在市场的认可度逐渐提高。互联网服务平台的建立，有利于加强绿色农产品品牌的培育，完善绿色农产品品牌服务机制。建立绿色农产品的规划与培育工作。有利于及时对于达到绿色标准的产品实施绿色品牌认证与推广，增加地区性绿色农产品品牌的数量。

（四）互联网平台便于农产品品牌市场推广

农产品品牌的宣传与推广是延长农产品品牌生命周期，提高农产品品牌市场竞争力的重要措施。互联网最大的优势就是信息传播速度快、信息传播准确和传播范围广的特点。因此，有了"互联网+"服务平台的支持，新种类农产品如绿色农产品、知名农产品、著名农产品，以及地理标志性农产品品牌的市场宣传与推广速度就会非常及时，能直接和消费者见面。提高具有市场发展潜力的农产品品牌的知名度，树立良好的农产品品牌形象，通过农产品品牌的宣传力度来打开销路，提高品牌效应，影响农产品品牌的市场生命周期，使其保持较好的市场活力，这样才能发挥农产品品牌较高的经济价值，刺激农业经济发展。

（五）"互联网+"服务平台有地利于农产品的追根溯源和市场监管

针对农产品品牌品质参差不齐、质量不达标等问题，通过互联网服务平台的直播生长、视频监控、追根溯源体系及生产体验等活动可以建立健全农产品品牌市场监管体系，规范农产品品牌的监管流程和监管方法，确保品牌农产品的品质。给消费者提供良好的品牌农产品。

四、销售服务的"互联网+"服务

在互联网的政府经营管理方面，研究者指出：美国政府给予充分的技术支持，"互联网+农业"与传统农业不同。农业经营是手机、iPad、电脑的一部分。无论何时何地，农户都能在农场掌握土壤、植物的生长、水分、病害、害虫等数据和信息。农场日志是一个全面的农业管理应用程序。农家可以通过简单的操作和在这个应用程序上直观的图像中直接把握农场的所有重要信息种类。包括降雨量、日照参数、温度记录和热积累、土地组成等，应用程序可以直接分析作物生长，给出科学灌溉和受精建议，预测作物的疾病和害虫，实现库存管理，计算正确的农业投入量和输出预算。同时，该应用程序支持多移动中端登录和用户之间的信息分析和共享。在农产品流通领域的网络创新，第一阶段是1975—1998年。在这个阶段，开发是比较低速的。农业生产者和民营企业在网上进行农产品的包装和销售，事业的范围只有中国。农村电子商务发展的第二阶段是从1995—2000年。在这个阶段，电子商务的竞争非常激烈，有集中的倾向，农业产品的流通业者可以用交叉费用的支付进行市场营销。第三阶段为2001—2007年。电子商务的专业化和一元化开始了。亚马逊、沃尔玛和其他品牌纷纷走起路来。从2007年到现在，电子商务与期货的结合逐渐深入，农产品电子商务已经开始采用B2B模式和四个主要的垄断巨人，ABCD贸易在线拥有全球商业范围。美国农业技术服务公司的数量超过1万家，年销售额达70亿美元。排名前五的企业联盟占市场份额的70%。从事农业技术服务的平台，不仅提供种子、肥料、农药交易，还提供农作物疾病和害虫的预测、植物保护技术、农药的涂抹和受精。他们要求每亩的预防和管理费用，利益要远远高于单独销售产品。这样的商业农业生产，从产业链的前端开始，从制造商和代理店的手中购买种子、肥料、农药、灌溉设备和其他产品。农业技术服务平台在提供产品交易的同时，提供技术和农户，直接面向农户。大幅度减轻农户负担，实现标准化生产。

因此，借鉴美国部分经验，本书提出以互联网信息提供为主体，理清政府在整个农业生产中的监督与政策指导作用，而非主导作用。解决政策的政府角色定位不准确的问题。

目前我国存在劳动力成本和农产品价格双低的现象，造成了农产品物流配送体系相对落后，产销渠道较窄的问题。近年来，由于居民生活水平的逐步提升，加之互联网的快速发展，消费者对生活质量的要求也变得越来越高，对于纯自然、原生态、无污染、休闲农业、预订服务、送货上门等具有个性化服务特征的农产品的市场需求量逐渐增长，促使相应的农产品利润也逐渐扩大。"互联网+"服务平台以联结农村生产户为基础、面对城市家庭订单、构建区域物流配送体系开展的零售配送业务，除了能够减少农产品流通的中间环节之外，还能积极促进传统农业转型发展。当前有些地区，如云南省个别农产品企业已经逐步尝试小范围零售配送业务，但大部分农产品企业还没有大面积实施针对家庭订单的线上零售物流配送模式，分析其业务发展中存在的问题，除了农产品企业自身的经营管理能力和技术水平不足导致发展起点低之外，"互联网+"模式零售业务社会化推广程度也较低；企业与生产农户、企业与家庭客户点对点运营独立，且局限于中间环节；整体区域物流配送体系构建缺乏；产品流通过程控制与质量监管体制与需求不适应，客户满意程度低等问题也较为突出。因此，"互联网+农业"服务平台是解决此类问题的关键所在。通过建立"互联网+农业"服务平台，可以打通生产与流通环节的障碍，从而按需生产，科学生产，质量透明、过程可查，以此加速整个农业现代化的进程。

在"互联网+"战略背景下，农业不仅仅只是解决人们生活的功能，休闲农业的服务特征日益显著，农业服务平台中创新的休闲农业对提高农业长期的市场竞争优势至关重要。在直播带货流行的今天，农业服务平台运用自己专业的知识和平台流量优势，不仅可以为农民提供新产品销售信息，还可以在农产品生长过程中提供直播互动服务，保证收入的同时，也为顾客提供更放心的生产过程监督。如有文献指出网络信息技术变革带来休闲农业服务提供模式变革，消费者通过互联网参与到服务的开发、设计和提供全过程。互动是消费者与农业生产者沟通的桥梁。近年来，网络直播发展迅猛、受众广、市场潜力巨大，是当前社会普遍接受和认同的网络社交新形态。在实践中，"休闲农业+网络直播"的经营模式有许多成功的案例。可以通过建立"互联网+"农业服务平台，解决互动农业，提供休闲农业的良好平台，在服务好农业生产环节的同时，提高农产品销售的质量保证并提前锁定客户。通过开展现场实地培育、远程监控、提前预订等新型销售模式。解决目前销售环节存在的各种问题。

通过标准化的"互联网+农业"服务平台，可以打造标准化生产、包装、销售、运输等现代化农业产业链。从而解决农产品标准化低、质量低、无品牌效应等问题，大大提高农业产品的附加值，保证了农业与其他行业一样享受科技进步带来的成果。

目前我国农业生产资料服务平台面临重要的发展机遇，随着现有农业现代化生产模式的推进和改变，我国的土地流转速度和方式也在不断地进行改变，农业产业也不断朝着规模化方向发展，这种新型的生产规模模式也为产品的工艺和服务提出了更高的要求，近几年来我国的农业物资市场发展非常的迅速，一些化肥种子等农业产品的销售规模和数量不断增加，互联网技术也在其中扮演着重要的角色，互联网技术所创建的农村电子商务市场也有利于进一步激发农村产业的活力。这种新型的经营模式也会进一步提供更加高质量的产品，更加丰富的农业产品物资供应方式和渠道，更加优秀和优质的服务方式和技术，这种新型的农业信息化系统也会进一步推动我国农业物资向更加商业化的方向转型和发展。我国目前的农业电子商务发展尚未形成一个固定的方式和模式，现在比较成熟的经营模式主要是第三方的网络销售平台模式，与国外的一些发展经验相比，国内的模式仍旧存在很大的漏洞，国外的现有农业产品的销售模式有更加一体化的服务能力，因此，我国的农业企业的模式也应当进一步向专业化的方向发展，互联网大背景下的现代农业物资企业发展将会朝着更加一体化、专业的方向发展。

第十二章　我国农业社会化服务体系建设的模式选择

中国共产党第十七届三中全会指出，要加快构建以公共服务机构为依托、合作经济组织为基础、龙头企业为骨干、其他社会力量为补充，公益性服务和经营性服务相结合、专项服务和综合服务相协调的新型农业社会化服务体系。发挥农业合作组织的主体作用，以农业合作组织为依托，将公共服务机构、涉农企业及其他社会力量联合起来（见图12-1），积极发挥农业合作组织的优势，同时政府为农业合作组织的发展提供政策上的支持和便利，从而为农业生产的发展及农业现代化提供动力①。

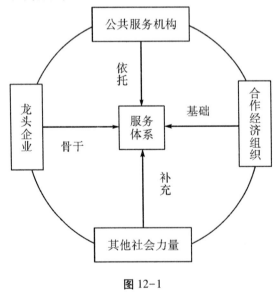

图 12-1

---

① 高峰、赵密霞. 美国、日本、法国农业社会化服务体系的比较［J］. 世界农业，2014（4）：38.

第一节　政府职能在农业社会化服务体系中的主导地位

一、政府在农业社会化服务体系中的角色地位

（一）政府的基本职能①

休斯在《公共管理导论》一书里写道：有些事是政府应该做的，而有些则不是。有些事政府可以做得很好，而有些事情则做得比较差。世界银行在其1997年发布的世界发展报告中指出，"每一个政府的核心使命"包括了五项最基本的责任，即①确定法律基础；②保持一个未被破坏的政策环境，包括保持宏观经济的稳定；③投资于基本的社会服务和社会基础设施；④保护弱势群体；⑤保护环境。安德森提出了另一组相对较为实用的政府角色（Anderson，1989），他探寻了七项他称之为一般角色的政府的基本职能。这些职能如下：

（1）提供经济基础。政府为现代资本主义体系的正常运行提供所必需的制度、规则和安排。

（2）提供各种公共商品和服务。有些有益于社会整体的公共商品对个人而言却很难根据其使用的数量而付费。一旦将它提供给某个人，就等于是向整个社会提供。

（3）协调与解决团体冲突。政府得以存在的一个基本原因是需要它缓和和解决社会中的冲突，维护正义、秩序和稳定。包括在经济上保护弱者，抑制强者的行动。

（4）维护竞争。竞争在私营部门并不总能持续进行，因此经常需要政府干预以确保竞争的真正实现。离开政府的控制，自由企业制度的优越性将无从体现。不受限制的竞争可能反而会导致对竞争的破坏，而竞争者也可能会由于合并或串谋而结束竞争。

（5）保护自然资源。我们不能仅依赖于竞争性力量来防止资源浪费、保护自然环境不被恶化并确保后代的利益不受损。

（6）为个人提供获得商品和服务的最低条件。除了最极端的经济理性主义者之外，所有的人都一致认为减少贫困是政府的合理目标，但在政府扶持的程度、总体成本以及可能存在社会成本的某些特殊计划等问题上，人们则常常

---

① 欧文·E.休斯.公共管理导论：2版［M］.彭和平，等译.北京：中国人民大学出版社，2001：118-121.

难以达成一致。

（7）保持经济稳定。商业性经济周期总是上下波动，暴涨之后是暴跌，而政府可以通过制定财政预算、货币政策以及对工资和物价的调控等政府行为予以缓和。

（二）我国政府把农业社会化服务提到战略的高度

一直以来，我国政府都十分重视农业社会化服务体系的建设工作，将加快发展农业社会化服务体系作为农业现代化发展的重要内容（见表12-1）。早在1984年的中央一号文件《中共中央关于一九八四年农村工作的通知》里就提道：农村在实行家庭联产承包责任制的基础上出现的专业户，带头勤劳致富，带头发展商品生产，带头改进生产技术，是农村发展中的新生事物，应当珍惜爱护，积极支持。最为有效的支持，是向他们提供必要的社会服务，满足他们对信息、供销和技术进步等方面的需求。1986年，中央一号文件《中共中央国务院关于一九八六年农村工作的部署》再次强调农村工作总的要求是：落实政策，深入改革，改善农业生产条件，组织产前产后服务，以及农村商品生产的发展，要求生产服务社会化，推动农村经济持续稳定协调的发展①。1991年，《国务院关于加强农业社会化服务体系建设的通知》（以下简称《通知》）里说道：加强农业社会化服务体系建设是深化农村改革，推动农村计划商品经济发展的一项伟大事业，对于稳定和完善以家庭联产承包为主的责任制，健全双层经营体制，壮大集体经济，实现小康目标，促进农业现代化，具有极其重要而又深远的意义。《通知》里明确了农业社会化服务的方向和原则，细化了服务的方式和内容②。2005年，农业部将农业社会化服务体系列入我国农业"七大体系"建设规划，并提出了我国农业社会化服务体系建设与管理的指导思想、发展目标及基本思路。2012年，中央一号文件以"推进农业科技创新"为主题，进一步将发展农业社会化服务提高到战略的高度，并指出提高农业技术的社会化服务水平将是中国农业发展中的关键问题，倡导通过多种形式鼓励和支持社会力量参与提供农业社会化服务。2013年，中央一号文件对农业社会化服务体系建设进一步提出了新的要求，指出建设中国特色现代农业，必须建立完善的农业社会化服务体系。2014年，中央一号文件提出要健全农业社会化服务体系，大力发展主体多元、形式多样、竞争充分的社会化服务。2015年，中央一号文件指出，增加农民收入必须强化农业社会化服

---

① 参见 http://www.ce.cn/cysc/ztpd/08/gg/1986/zcbj/200811/25/t20081125_17487062_1.shtml.

② 参见 http://www.gov.cn/zhengce/content/2016-10/19/content_5121735.htm.

务，完善农业服务体系，鼓励和引导社会力量参与公益性服务。2016 年，中央一号文件强调，支持新型农业经营主体和新型农业服务主体成为建设现代农业的骨干力量，支持多种类型的新型农业服务主体开展专业化、规模化的服务。2017 年，中央一号文件指出，大力培育新型农业经营主体和服务主体。2018 年，中央一号文件强调，要重点解决农产品销售中的突出问题，建设现代化农产品冷链仓促物流体系，打造农产品销售公共服务平台，推进农业生产全程社会化服务，帮助小农户节本增效。同年 7 月，中共中央、国务院印发实施《乡村振兴战略规划（2018—2022）》，提出要健全农业社会化服务体系，大力培育新型农业服务主体，加快发展"一站式"农业生产性服务业。2019 年，中央一号文件提出，落实扶持小农户和现代农业发展有机衔接的政策，加快培育各类社会化服务组织，为一家一户提供全程社会化服务。政府对农业社会化服务的重视程度不言而喻，已经上升到国家发展的战略高度，农业社会化服务助力现代农业，现代农业的实现关系着乡村振兴，乡村振兴最终关系着建设一个富强、民主、文明的社会主义现代化国家。梳理历年来的中央一号文件发现，近五年来，国家大力鼓励社会力量参与农业社会化服务，形成主体多元、形式多样、竞争充分的社会化服务。从 20 世纪 80 年代提出向农户提供必要的社会服务，到 90 年代提出农业社会化服务体系能促进农业现代化，直至 21 世纪，进一步提出如何完善农业社会化服务体系。近两年来，开始关注小农的农业社会化服务，提出推进农业生产全程社会化服务，帮助小农增收，助力小农尽快融入农业现代化。政府持续的关注，让农业社会化服务体系初见雏形。

表 12-1　我国提及有关农业社会化服务内容的部分中央文件

年份	文件	内容
1984	《中共中央关于一九八四年农村工作的通知》	向专业户提供必要的社会服务
1986	《中共中央 国务院关于一九八六年农村工作的部署》	农村商品生产的发展，要求生产服务社会化
1991	《国务院关于加强农业社会化服务体系建设的通知》	加强农业社会化服务体系建设，促进农业现代化
2012	《中共中央 国务院关于加快推进农业科技创新持续增强农产品供给保障能力的若干意见》	提出提高农业技术的社会化服务水平将是中国农业发展中的关键问题

表12-1(续)

年份	文件	内容
2013	《中共中央 国务院关于加快发展现代农业,进一步增强农村发展活力的若干意见》	建设中国特色现代农业,必须建立完善的农业社会化服务体系
2014	《中共中央 国务院关于全面深化农村改革加快推进农业现代化的若干意见》	提出要健全农业社会化服务体系,大力发展主体多元、形式多样、竞争充分的社会化服务
2015	《中共中央 国务院关于加大改革创新力度加快农业现代化建设的若干意见》	增加农民收入,必须强化农业社会化服务,完善农业服务体系,鼓励和引导社会力量参与公益性服务
2016	《中共中央 国务院关于落实发展新理念加快农业现代化实现全面小康目标的若干意见》	支持多种类型的新型农业服务主体开展专业化、规模化的服务
2017	《中共中央 国务院关于深入推进农业供给侧结构性改革加快培育农业农村发展新动能的若干意见》	大力培育新型农业经营主体和服务主体
2018	《中共中央 国务院关于实施乡村振兴战略的意见》	打造农产品销售公共服务平台,推进农业生产全程社会化服务,帮助小农户节本增效
2019	《中共中央 国务院关于坚持农业农村优先发展做好"三农"工作的若干意见》	加快培育各类社会化服务组织,为一家一户提供全程社会化服务

注:根据历年以来的中央文件整理。

二、政府公共服务机构在社会化服务体系中的问题

尽管政府从顶层设计上给予了农业社会化服务的发展方向、目标、经费支持和政策支持,但在实践过程中依然存在一些问题,主要是服务方式与服务对象不匹配、服务供给和需求不匹配。

(一)政府公共服务机构的服务方式与服务对象不匹配

随着信息技术的深度发展,物联网、智慧农业等已经是现代农业的标配。

在农业信息化服务方面，更多的是借助互联网平台实现产前、产中和产后的服务，这就要求服务对象信息化意识、信息技术使用能力要与之相匹配。有学者把农业农村信息化划分为 3 个阶段，分别是起步建设阶段（1994—2003 年）、深入发展阶段（2004—2010 年）和全面融合阶段（2001 年至今），划分依据及信息技术应用侧重点见表 12-2；同时，还提到信息技术将继续在标准化程度高、附加值高的行业率先运用示范，如畜牧水产养殖、设施农业等，表现出技术密集型的特点。农业机器人、生物传感器、无人机、自动控制等智能装备的示范应用，将在易于标准化、规模化的农业作业流程中出现，有效节约人力成本。信息资源与生产、加工、流通、管理、服务和消费各环节的技术融合，通过资源整合与发挥要素集聚效应，实现精准化作业流程，催生从田间到餐桌的全产业链服务形态①。在这样的背景下，全国各地都开始着手建设信息化服务平台，致力于服务农户，让农户分到信息化建设的红利。可实际情况并非如此。以重庆为例，根据 2015 年 2 月笔者对重庆农村信息化的调查数据分析来看，由于电脑价格相对昂贵、携带不方便等导致农户家用电脑数量少，被调查者普遍有电视机和移动电话，占比分别为 89.39%、88.98%；而电脑依然是比较欠缺的，占比为 30.2%。有 82.45% 的农户选择用手机上网，仅有 25.71% 的农户选择用电脑上网。网络主要用于观看时政新闻和休闲娱乐（见表 12-3、表 12-4 和表 12-5）。另外，在对农产品宣传上仅有 5.3% 的被调查者选择用网站宣传，他们最信任的宣传方式是通过朋友、邻里介绍客户，占比高达 65.71%。调查数据还显示，64.08% 的被调查者不知道获取什么信息，57.55% 的被调查者不会使用相关信息设备②。从数据分析得出，农民对网络信息这种新生事物持怀疑和不信任态度，这最终导致了农户农业信息化接受程度和应用水平低下。在农户信息化意识和使用能力没有达到相应程度前，农业产前、产中和产后服务就只能停留在"平台"上，到不了田间地头。所以，当下选择与农户匹配的服务方式非常重要，但更重要的是，在信息化的大背景下，提升农户信息化素质应该是农业公共服务机构服务的重要内容，这不仅关系到农业社会化服务平台的建设，更关系到现代农业的实现和发展。

---

① 崔凯，冯献. 我国农业农村信息化的阶段性特征与趋势研判 [J]. 改革，2020（6）：125-135.

② 周广竹，李红平. 城乡一体化下重庆农村信息化建设现状分析 [J]. 农业经济，2015（8）：52.

表 12-2　农业农村信息化阶段划分

阶段划分	划分依据	信息技术应用侧重点
起步建设阶段 （1994—2003 年）	1994 年"金龙"工程提出，2003 年"863"计划智能化农业信息技术应用示范工程完成	精准农业、农业专家信息系统建设、农业网站建设等
深入发展阶段 （2004—2010 年）	2004 年"村村通"工程提出，2010 年我国行政村 100%实现村村通电话、乡乡能上网，同年覆盖部、省、地、县四级政府的农业网站群基本建成	设施农业、软件及数字产品、涉农电子商务、信息推广和服务等
全面融合阶段 （2011 年至今）	2011 年首个全国农业农村信息化发展五年规划实施，同年首批国家物联网应用示范工程启动	农业物联网、智能装备、涉农电子商务、农业电子政务、智慧农业

表 12-3　农户家庭信息化设备情况

家庭信息化设备	选择人数/人	占比/%
网络电脑	74	30.2
手机	218	88.98
固定电话	109	44.49
电视机	219	89.39
其他	4	1.6

表 12-4　农户接收信息的习惯

上网设备	选择人数/人	占比/%
家用电脑	63	25.71
手机	202	82.45
其他	4	1.63

表 12-5　农户的网络用途

网络用途	选择人数/人	占比/%
了解时政新闻	136	55.51
休闲娱乐	167	68.16
聊天	121	49.39
生产经营	21	8.57

网络用途	选择人数/人	占比/%
购买生产资料	26	10.61
出售农产品	12	4.88
查找资料，解决问题	82	33.47
种养技术	25	10.20
其他	22	8.98

（二）政府公共服务机构的服务供给与农户需求不匹配

根据上述政府的职能，公共服务机构提供的服务是公共产品，属于公益性农业服务，政府占据主导地位。公益性农业社会化服务主要由农业主管部门和事业单位承担，但农业主管部门的条块分割严重，部门的权力和利益主导了农业服务资源的配置，政府对农业服务的协调和监督检查力度不够，导致农业服务资源的配置在部门间分割严重，缺乏统一有效的整合，影响了农业服务资源的配置效率。当前，在新型农业社会化服务体系建设过程中存在的经营性农业服务的灵活性不高、公益性农业服务基础薄弱、农业服务的区域协调性不强和统筹规划指导不足等问题，都与农业社会化服务的制度供给与政府的职能缺位有关[1]。比如，在农业技术推广方面。农业技术推广主体提供者是农技站。农业技术推广工作通过采用直接传授的方式对农户的行为进行引导，使其转变认识、采纳新技术，随着采纳新技术的农户日益增加，农业科技成果最终转化为农业生产力，从而推动农业现代化建设进程。在我国农业技术推广体系中，基层农业技术推广组织的地位不可或缺，它在推动社会主义新农村建设以及现代农业和农村经济发展过程中发挥着重要作用。特别是乡镇农技站，是基层农技服务活动的具体实施机构，是实现农业科技成果转化的重要载体，也是农业技术推广的"最后一公里"。随着我国农业可持续发展和农业现代化的新要求提出，暴露出当下乡镇农技站存在的一系列问题：作为推广主体的农技站职能划分不明确、管理机构之间有重叠、基础设施不够完善，农技站人员综合素质不高、年龄断层、推广手段和方式过于单一，同时对于农技推广人员激励方式不足、推广经费投入不够、农业技术实际供应与有效需求不对应等[2]。有学者指

---

① 王定祥，李虹. 新型农业社会化服务体系的构建与配套政策研究 [J]. 上海经济研究，2016（6）：99.

② 刘颉颉. 株洲市天元区乡镇农技站农技推广服务的农户满意度研究 [D]. 长沙：湖南农业大学，2018：2.

出，目前我国农业社会化服务供需脱节，农民没有权利选择需要的服务，也没有一个畅通的渠道来表达自身意愿。这样的供给机制不仅使农民的需求得不到满足，还会造成巨大的资源浪费，致使服务主体服务效率低下。学者们进一步提出，相关部门要推进政府及涉农事业单位机构改革。一方面，政府要从根本上转变对农业的管理方式，运用经济手段和法律手段进行间接的宏观调控，强化指导，真正为农民管理好农民需要的；另一方面，各相关农业服务部门要健全组织体系，配套服务内容，提高服务效率①。在信息服务方面，有学者以新疆为例调研了公共服务机构在农业信息社会化服务的供给和需求情况，得出：第一，农户对信息需求旺盛，且需求日趋多元化。调研区域农户对农产品价格、农业科技信息、农产品供求以及农药化肥等农资信息的需求都比较旺盛。第二，在信息供给方面，对有需求的农户而言，有效供给较少。第三，从总体来看，农户有需求并获得服务的均衡比例最高的是农业科技信息，占比为60.2%；之后是价格信息，占比为44.8%，其他大多数农户有需求但能获得相关服务的比例均低于30%，农户有需求但获得最少的农业信息服务是行情预测信息，失衡程度高达92.3%②。

三、发展村级集体服务的可能与创新

我国农业比较效益相对偏低，部分小农户对农业社会化服务支付能力不足，尤其是对清洁生产、循环经济等增收效果不明显但外部经济性较强的作业服务，支付意愿不强。而面对众多分散的小农户，服务主体的组织成本和作业成本也相对较高，成为农业社会化服务发展的双重制约。所以，在实践中，农业社会化服务组织倾向于为规模化的经营主体服务，对小农户服务意愿不强，虽然对小农户有些辐射，但远远不够。这是因为与规模经营大户相比，大宗农作物比较效益低，流转种植的风险较高，服务需求差异化等导致小农户农业社会化服务市场供给相对不足。政府可以通过补贴这一类农产品托管服务，引导更多服务组织为小农户提供服务，降低小农户生产成本，促进小农户增产增收。在安徽凤台县杨村镇店集村，村委会统筹农户地块，与农民签订"保底收益+分红"合同，再由村股份合作社进行集中连片托管。签了保底合同，不愁管也不愁销，每年不光有收益，还有二次分红。通过发挥村集体作用，我们

---

① 殷秀萍，等. 构建新型农业社会化服务体系的影响因素及解决对策［J］. 学术交流，2013（5）：148-149.

② 于雅雯，余国新. 农业信息社会化服务结构性失衡的影响因素分析：基于新疆10县28乡（镇）784个农户的调查［J］. 中国农业资源与区划，2016（12）：29.

能够更好地促进小农户与农业社会化服务有效的衔接。在这种模式下，合作社是服务主体，村委会是农业生产统一经营的组织者，农民当上了"甩手掌柜"。中国人民大学农业与农村发展学院教授孔祥智建议，一方面，相关部门要提高农业社会化服务的组织化程度，在农民专业合作社不发达、不完善的地方，更好地发挥村集体组织作用，将一家一户的小农户组织起来，并完善利益分配机制；另一方面，相关部门应加大政策扶持力度，支持各类服务主体购置相应的农机装备，提高规范化程度和服务带动能力，延长服务链条，让更多的小农户成为农业社会化服务的受益者。有学者在比较农民专业合作社、"公司+农户"以及综合农协模式时，提出另外一种服务模式，即"小农+村社组织+社会化服务"模式，并指出该模式的优势不仅体现在"成本自担、收益共享"方面，更体现在村社组织本身所具有的独特优势上。第一，村社组织作为集体经济组织本来就具有"统"的职能和传统。首先，村社组织在集体时期和分田到户初期，在一家一户"办不好、不好办或者办了不合算"的生产活动中都发挥了重要的"统"的职能；其次，在分田到户后，村社组织仍然具有"统"的职能，只是近年来"分"的层面越来越强化，"统"的层面不断弱化，而村社主导的组织化正是加强"统分结合"的重要抓手。第二，村社组织作为村民自治组织，其本身具有农民自治的组织基础。首先，村社组织仍然具有完整的组织体系，这为村社主导的组织化提供了组织基础；其次，村民自治制度具有较为完善的制度体系来保障村民民主权利的实现，尽管现实仍然不尽如人意①。所以，激活村集体统筹功能，首先能有效组织和动员村庄精英示范规模种植，解决规模经营前期的农地细碎化问题，带动小农户自组织整合土地生产要素；其次整合体制内、外资源，统筹购置先进农机并组织农机服务队，提高村级农业社会化服务能力，激活村集体的服务动能；再次村级农业社会化服务的组织化供给使小农户能够与现代农业社会化服务体系对接，为小农户创造了保护性发展空间，最后更为重要的是，以村集体为主导的农业社会化服务增强了村集体经济实力，进一步巩固了村级农业生产性公共服务供给能力，有利于构建小农户与现代农业衔接的长效机制②。

---

① 孙新华. 村社主导、农民组织化与农业服务规模化：基于土地托管和联耕联种实践的分析 [J]. 南京农业大学学报（社会科学版），2017，17（6）：136.

② 钟丽娜，等. 集体统筹：小农户与现代农业有机衔接的组织化路径 [J]. 南京农业大学学报，2021，21（2）：126.

第二节　市场经济条件下龙头企业社会化服务的带动作用

2019 年，《国务院关于促进乡村产业振兴的指导意见》指出：支持农业产业化龙头企业发展，引导其向粮食主产区和特色农产品优势区集聚，鼓励发展农业产业化龙头企业带动、农民专业合作社和家庭农场跟进、小农户参与的农业产业化联合体，培育多元主体促进融合发展。

一、龙头企业的发展情况

龙头企业是构建现代农业产业体系、生产体系、经营体系的中坚力量；在推进农业延伸产业链、打造供应链、提升价值链的过程中，龙头企业可发挥家庭农场、农民合作社不可替代的重要作用。在实施乡村振兴战略、发展现代农业和乡村产业的过程中，我们需要家庭农场、农民专业合作社的积极参与，龙头企业的引领和中坚作用更是不可替代。重视农业产业化龙头企业发展并强化政策支持，是实施乡村振兴战略的时代要求①。截至 2018 年年底，以龙头企业为主体的农业产业化组织辐射带动超过一半农户，农户年户均增收超过3 200元；省级以上重点龙头企业与国家级贫困县合作创建绿色有机基地超过1 300万亩，直接带动建档立卡贫困户超过 9 700 家；832 个国家级贫困县共培育市级以上龙头企业 1.4 万家，这些企业更是直接对接贫困户，帮助他们脱贫致富。到 2019 年年底，省级以上重点龙头企业科技研发投入同比增长超过 15%，拥有研发科技人员超过 60 万名，近 3 成的龙头企业科技研发投入占年销售收入的比重超过 1%；超过 4 成的龙头企业建有专门研发机构；1/8 的龙头企业获得国家高新技术企业称号。同时，超过 4 成的省级以上重点龙头企业通过互联网渠道开展农产品销售，互联网销售收入同比增加 15.64%；1/6 以上的龙头企业发展休闲农业等。目前，全国有一亿多农户与龙头企业签订订单，形成粮食产业的"新雁阵"；超过50%的省级以上重点龙头企业获得绿色、有机、地理标识等认证，产品数量超过 3 万个②。在一项调查中，近 7 成的龙头企业有自建或合建研发机构，其中龙头企业建有国家级企业技术中心、重点实验室、工程实验室自主创新机构等的占全部企业数量的 22.7%。企业及下属子公

---

① 姜长云.龙头企业的引领和中坚作用不可替代 [J].农林经济与管理，2019 (6)：24.
② 王壹.我国农业产业化龙头企业发展综述 [EB/OL].（2019-12-02）[2021-10-15].http://www.farmer.com.cn/2019/12/03/wap_99846155.html.

司被认定的高新技术企业占企业总数的 34.5%。在销售模式方面，自营门店是最主要的销售渠道，该渠道年销售额占年销售总额的 68.48%；在线销售渠道已经发展成为第二大销售渠道，该渠道年销售额占年销售总额的 15.24%；商超和专柜等传统销售渠道年销售额分别占年销售总额的 5.71% 和 6.55%；便利柜这一新兴销售模式销售渠道年销售额仅占年销售总额的 0.56%[①]。

二、龙头企业农业社会化服务模式

有学者指出，企业式的大农业在收入与工资抵平的情况下会停止生产；而自给自足的小农业对市场依赖较少，而企业式的大农业则对市场高度依赖，一旦农产品价格下降或利益降低便会倒闭甚至破产。因此，在这个意义上可以说，龙头企业带动式的运作方式固然在应对市场方面具有明显的信息与规模优势，但同时也隐藏着风险与危机。企业作为市场上独立的经济实体，出于经济理性的考虑，自身固有的逐利动机使得企业的一切行为都服从于自身的经济利益，做出让自己利益最大化的选择。因此，龙头企业在与农民进行合作并提供农业社会化服务的过程中很容易出现三个方面的问题：一是龙头企业以追逐和维护自身利益为准则，其发展的主要目标往往与服务农民相悖，会导致服务的内容和服务的形式不能满足农民的要求，服务意识不强；二是由于龙头企业在合作中占主导地位，又掌握着整个合作的外部市场开拓和内部管理，拥有主要的话语权和管理权，因此这种模式很容易造成合作内部管理结构的变形和无效，从而出现龙头企业全面把持的局面，不利于民主管理与制度规范；三是龙头企业带动很容易造成其剥削农民的现象，龙头企业可能会制订有利于自己的利润分配方案，很可能对农户施压、控制或转嫁风险，从而导致农民的利益难以得到维护[②]。总之，成本与收益是龙头企业首要考虑的。所以，在实践中，龙头企业为了减少成本，"倾大户"的现象普遍存在。尽管如此，根据大量调研结果，农业产业化联合体以龙头企业和家庭农场、农民合作社分工协作为前提，以利益联结为纽带，三种新型农业经营主体均保持独立经营地位。但在较为成熟、运行稳定的农业产业化联合体中，龙头企业是现代农业产业链的组织者、农业生产性服务综合集成商，也是品牌、标准、市场等战略性资源的控制者。龙头企业资源整合、要素集成、市场营销和拓展提升能力，在很大程度上决定了农业产业链的竞争力、农业供应链的协调性和农业价值链的高度。尤其

---

① 屠振华，等. 中国农业产业化龙头企业创新发展现状及前景 [J]. 农业展望，2020 (9)：69-70.

② 李俏，张波. 龙头企业带动农业发展模式的本土化思考 [J]. 贵州社会科学，2011 (3)：53.

是近年来，面对"国内外风险挑战明显增多的复杂局面"，农户、家庭农场、农民合作社发展现代农业和乡村产业面临的突出问题和风险隐患明显增加，龙头企业在供应链融资、市场营销、品牌培育、信贷担保和保险等方面的支持，对解决农户、家庭农场、农民合作社面临的突出问题，具有画龙点睛的作用①。为了解决上述问题，已有学者提出"龙头企业+农民专业合作社""龙头企业+农业合作社+农户"的模式。总体来说，农民专业合作社的经营主体比传统小农户有更强的市场意识，更能接受龙头企业提供的服务，哪怕是花钱购买。其一，小农户依靠传统的耕作方式种地，对农业社会化服务需求接受程度较低，对于付费的农业服务更是不愿意购买。其二，由于信息不对称，他们对外来龙头企业有着先入为主的不信任，认为那是"天上掉馅饼"。让农业合作社充当中介的作用，组织农户，传达各种农业信息，取得农户的信任。可以由合作社代表农户与龙头企业进行沟通、谈判、签订农业服务和农产品收购合同，这不仅能降低双方沟通的成本，还可以增强农户的信心。

三、龙头企业带动模式的本土化思考

已有数据表明，龙头企业大多数从事食品制造和加工方面的业务，也就是服务的范围聚集在农业产后服务。已有学者指出，产后的服务未能与产前、产中衔接起来；产后服务不到位，尤其是在农产品加工、储存、运输及销售方面存在很多问题，导致很多的农产品附加值低，销售困难②。这与龙头企业没有参与到产前、产中服务有一定的关系，更重要的是龙头企业没有结合当地农产品进行品牌建设。农业农村部自 2008 年启动农产品地理标志登记工作以来，在制度建立、产品登记、品牌建设、产业发展、知识产权保护和国际合作等方面开展了大量工作，农产品地理标志登记保护事业取得了显著成效。龙头企业结合当地地理标志的农产品进行品牌建设，为打造"一村一品"助力，既能挖掘出当地的农业生产潜力，也能迎合市场需求，更能助力乡村振兴。随着我国社会主义基本矛盾的转变，人们对美好生活的向往已成为广泛关注的焦点和热门话题，作为美好生活的重要组成部分，饮食消费已经处于口福消费与营养保健消费共存的阶段。人们的饮食消费理念悄然转变，如今不仅要吃得安全、吃得放心、吃得可口、吃得营养，还要吃出特色、吃出健康、吃出文化、吃出乡愁，这为集品质特色和乡土文化于一身农产品地理标志的发展提供了广阔空

---

① 姜长云. 龙头企业的引领和中坚作用不可替代 [J]. 农林经济与管理，2019（6）：25.

② 高峰，赵密霞. 美国、日本、法国农业社会化服务体系的比较 [J]. 世界农业，2014（4）：39.

间。龙头企业完全可以参与地理标志农产品的品牌建设，按照市场喜好提供农业服务，如选种、施肥、喷杀农药、收割、储存、加工等，建立起农产品全产业链。有学者提出，如果缺乏强有力的龙头企业引领，地理标志的推广使用会变得困难，这在一定程度上制约了地理标志农产品产业链经济效益的发挥。所以，相关部门一是要构建现代产业体系，大力推广"地理标志农产品+农业经营主体+农户"的新型农业产业化模式，积极探索现代农产品地理标志产业与小农户间的有机衔接，扶持培育一批以地理标志农产品为主业的龙头企业，特别是要加大对深加工、营销等主体的培育扶持力度。二是要建立品牌联动机制，继续深化"一品（绿色食品）+一标（地理标志农产品）+两平台（质量追溯平台、智慧监管平台）+四基地"深度融合，并与区域公用品牌、企业品牌形成协同联动机制，形成发展合力。三是要完善质量管控体系，进一步建立和完善地理标志农产品技术标准体系、检验检测体系、质量溯源体系、产品管控体系，确保地理标志的产品特色和质量安全。另外，在建设和推广当地地理标志农产品的过程中，相关部门还要完善政策机制，进一步加大政策创设力度，健全财政奖补机制，制定品牌发展战略，将农产品地理标志列为各类创建、展会及评比和项目安排的重要指标依据，努力形成政府重视、部门支持、社会关注的良好氛围[①]；应充分依托龙头企业的经济实力发展当地特色农产品，打造"一村一品"，通过品牌建设提升农产品附加值；借助龙头企业的市场优势，打开地理农产品的市场，有助于农户增收，有助于乡村发展。

另外，"龙头企业+农民专业合作社"在实践中取得了一些成绩，但也遇到了一些问题，尤其是某些地方合作社没发展起来的情况。相关部门应重视村集体、村级合作经济组织等中介主体的介入，农户对村集体、村级合作经济组织的信任是天然的，不需要任何理由。所以，"龙头企业+村集体+小农户"的模式应该符合广大小农户的需求。由村集体带头把小农户组织起来，传达龙头企业的农业生产标准、规范以及农产品收购的相关情况。村集体成为龙头企业与小农户的一个中介组织，充分发挥村集体的作用，这样一来，龙头企业与小农户之间的不信任被弥补了，交易成本也降低了。

---

① 王彦炯，等. 农产品地理标志产业振兴路径研究：以浙江为例 [J]. 农产品质量与安全，2019 (6)：9-10.

第三节　农民专业合作社的骨干效能

一、农民合作的演进趋势

农民合作的历史要从梁漱溟发起的乡村运动说起，他从文化的角度分析了农民的特性，认为农民之间缺乏合作的传统。所以，他要重新将农民组织起来，建立一个合作的村庄社会，希望通过乡村建设的实验把这种合作推广到全国。而费孝通先生给我们展示了江村图景，是一副处处都充满各种农民合作的现象，包括农业生产中的合作、日常生活中的合作、仪式场合的合作，合作的资源涉及物品、劳力、资金等。新中国成立后，农民成为拥有自己生产资料的土地所有者，国家希望通过土地分配解决农民的生存问题，进一步解放生产力。农民也因为有了自己的土地而增强了生产积极性，但以家户为单位的小农经济分散、落后，不能有效地使用土地实行合理耕作，无力抵御自然灾害，进行扩大再生产。农业产量较低，难以支持工业建设。在这样的情况下，国家强力行政干预开始农业集体化、初级社到高级社的发展。集体化的农业生产确实达到了支持工业的目的，也解决了农业生产中农民合作的问题。然而，农业发展是缓慢的，加上管理过分集中，监督成本过高，分配上的平均主义使少数搭便车的人引起了集体效应，造成了农民普遍的效仿，平均主义下"多劳多得"的效益逐渐看不见了，最后导致农民生产积极性极为低下。由于土地的利用率不高，农民基本都处在生存底线的边缘，基本的温饱问题都难以解决，农村发展和稳定就面临很大危机①。于是，有了"小岗村"那一声惊雷。1978年冬，安徽凤阳小岗村的18户农民冒着风险，秘密签下一份把集体土地承包到农户的契约，实行农业"大包干"，从此拉开中国农村改革的序幕。"家庭联产承包责任制"的实施使"一家一户"的小农再次成为独立经营的单位，在此基础之上国家实行了"交够国家的，留足集体的，剩下都是自己的"生产模式。这种"多劳多得"极大地调动了农民的生产积极性。农民格外珍惜土地，寸土必争。以"家"为农业生产经营单位的背景下，农民合作依据"邻里""血缘"关系。随着改革开放的不断深入，大量的农民开始外出务工，一年打工的收入除了交够农业税费，剩下的要比种地强很多。"空心村"出现了，从事农业生产的都是留在村子里的老人，土地开始荒芜。2006年我国全面取消了

---

① 刘涛. 从历史逻辑看农民合作的现实可能 [J]. 中共四川省委党校学报, 2008 (3): 97-98.

农业税，取消农业税以后，提倡新农村建设就是要把农村经济发展的收益留在农村。但要达到这一目的，同样需要把农民组织起来，只是这种合作和组织不再是为了提取资源，而是为了农村自身的发展。只要这一战略取向发生了改变，农民合作的成功就必然要实现由以自愿为基础的合作向以国家权力为基础的合作的转变，这是小农经济基础上农民合作的一个必然道路。党的十九大提出了决胜全面建成小康社会、分两个阶段实现第二个百年奋斗目标的战略安排，中央农村工作会议明确了实施乡村振兴战略的目标任务：到 2020 年，乡村振兴取得重要进展，制度框架和政策体系基本形成；到 2035 年，乡村振兴取得决定性进展，农业农村现代化基本实现；到 2050 年，乡村全面振兴，农业强、农村美、农民富全面实现。农业现代化就要改变传统的耕作方式，否则"小农户、大市场"的现象将得不到改变。土地集约化，农民回乡承包土地，为了降低市场风险，农民合作的需要产生。

二、农民专业合作社特点与社会化服务情况

（一）农民专业合作社的特点

1. 农民专业合作社是一种经济组织

《中华人民共和国农民专业合作社法》指出，农民专业合作社是指从事经营活动的实体型农民合作经济组织。从经济学角度理解，经济组织是指如家庭、企业、公司等按一定方式组织生产要素进行生产、经营活动的单位，是一定的社会集团为了保证经济循环系统的正常运行，通过权责分配和相应层次结构所构成的一个完整的有机整体。

2. 农民专业合作社是自愿加入的经济组织

农民专业合作社中都是从事农业生产的农民，加入与否完全是个人意愿，任何单位和个人都不能强迫其加入，应本着入社自愿、退社自由、民主治理等原则。

3. 农民专业合作社是互帮互助、不以营利为目的的组织

为了抵御市场风险，解决个人不能解决的问题，农民专业合作社通过发挥组织的合力，互帮互助，共同出力，提升农业生产的效益，达到增产增收的目的。

（二）农民专业合作社社会化服务情况

目前，农民专业合作社的服务领域除种植业和畜牧业外，还涉及农机、技术、信息、林业、渔业、农家乐等，但仍然主要集中在种植业和畜牧业。据统计，2015 年种植业、畜牧业、服务业（含农机、技术、信息等服务）、林业、渔业、其他类合作社分别占合作社总数的 53.2%、24.3%、8.1%、5.9%、

3.4%、5.1%。同时也要看到，近年来我国以提供农机、技术等服务为主的农民专业合作社增长较快。2010—2015 年种植业合作社年均增速 33.4%，畜牧业合作社年均增速 25.6%，而服务业合作社年均增速达到了 29.1%（其中农机服务业比重超过 6 成，且年均增速最快）。另外，近年来在国家对粮食生产的大力支持下，我国粮食领域的农民合作社发展较快（主要分布在粮食主产区，2015 年主产区成立的粮食类合作社占全国粮食类合作社的 84%）。服务内容以产加销一体化服务和生产服务为主。近年来，农民专业合作社总体呈现出由提供生产经营服务转变为直接参与生产经营，由横向的产业协同演变到纵向的资本融合，由松散零星服务发展到产业整合经营趋势，服务内容由原来只是提供农技服务或者信息咨询等项目慢慢转变为全产业链多样化服务，但是围绕生产开展的服务仍然占相当大的比重①。

三、农民专业合作社社会化服务模式选择

农民专业合作社虽然在农业社会化服务中占据了一定地位，是社会化服务体系中不可或缺的组织，但不可忽略的是农民专业合作社有自己的劣势。一是农民专业合作社由农户自愿组成，合作社带头人大部分是"乡村能人"。据统计，2014 年农村能人领办的合作社有 103.5 万个（其中村干部领办的合作社有 15.6 万个），占合作社总数的比重为 91%。通常，乡村能人是推动进步的"发动机"、集体行动的"火车头"、乡村发展的"铺路者"、对外联系的"架桥师"、乡村振兴的"带头人"。但是，如果监管缺位，能人治村也可能对基层民主、经济发展和法制建设等带来负面影响。二是合作社是"进出自由"的共同体，确切来说是风险共担的利益共同体。可是在农户自身的市场意识、风险意识、法制意识和责任意识缺位的情况下，个人利益一旦受损，农户会选择退出甚至违约。三是合作社自身规模小。我国农民合作社规模普遍不大，开展的业务主要是农资联合购买、初级农产品销售以及技术和信息服务等。虽超过一半的合作社宣称为社员提供产加销一体化服务，但大多数却只是简单的清洗、分类、整理、包装等初级阶段，未通过精深加工等来提高产品附加值。大部分农民合作社缺乏产品意识，销售途径单一，盈利能力较差。总之，如果没有对"乡村能人"规范的选拔机制和培训机制，只是凭借其在乡村社会的威望，或者是让种地"一把好手"的农民充当合作社的领头人，只会导致合作社名存实亡。"乡村能人"必须要有市场意识、责任担当、法制意识和终生学

---

① 唐继发. 我国农民合作社商业模式研究 [D]. 北京：中共中央党校，2017：85-86.

习的精神。有学者将合作社分为"中间组织引导型""龙头企业联合型"和"种养大户带动型"。"龙头企业联合型"即农户与龙头企业合作，围绕某一产品形成"公司+合作社+农户"合作模式；"中间组织引导型"即农民专业合作社的形成或运作过程中有科研机构、高校研究所或其他公益性组织等中间组织参与，中间组织对合作组织的发展起主导作用；"能人大户领办型"指农民合作社主要由当地种养规模大、有良好的种植养殖技能的大户组织其他大户或小规模农户一起组办的，这部分种养大户在农民合作社中起主要引导与决策作用①。这是合作社发展至今在实践中形成的几种服务模式，如"龙头企业+合作社""科研机构+合作社""龙头企业+科研机构+合作社"等。这也是在不断试错的过程中形成的服务模式，合作社只有展开强强合作，才能形成农业产业全产业链，抵御市场风险，增加收益。

---

① 陆倩，等. 不同模式农民合作社形成的影响因素研究：基于农户生产过程特征视角的分析[J]. 中国农业大学学报，2017，22（2）：170.

参考文献

国家农业委员会办公厅，1981. 农业集体化重要文件汇编（1949—1957）[M]. 北京：中共中央党校出版社.

艾云航，1992. 加强农业社会化服务体系建设[J]. 中国商贸（12）：16-17.

郭晓鸣，1992. 现实矛盾与发展选择：四川省农村社会化服务体系建设研讨会述要[J]. 农村经济（2）：35-38，15.

郭玮，1992. 国外农业社会化服务体系的发展与启示[J]. 经济研究参考（Z5）：874-889.

李庆臻，1999. 科学技术方法大辞典[M]. 北京：科学出版社.

牛若峰，1999. 要全面理解和正确把握农业现代化[J]. 农业经济问题（10）：13-16.

傅晨，2001. 基本实现农业现代化：涵义与标准的理论探讨[J]. 中国农村经济（12）：4-9，15.

郭翔宇，2001. 黑龙江省农业社会化服务体系问题探索[J]. 求是学刊（5）：45-50.

欧文·E. 休斯，2001. 公共管理导论：第二版[M]. 彭和平，等译. 北京：中国人民大学出版社.

杜润生，2002. 当代中国的农业合作制[M]. 北京：当代中国出版社.

孙明，2002. 美国农业社会化服务体系的经验借鉴[J]. 经济问题探索（12）：125-128.

王智才，杨敏丽，2003. 国外农业机械化政策法规选编[M]. 北京：中国农业科学技术出版社.

许先，2003. 美国农业社会化服务体系发展的经验与启示[J]. 山东大学学报（哲学社会科学版）（4）：124-128.

徐崇志，李青，2003. 国外农业信息技术发展趋势与我国农业信息技术发展途径探讨[J]. 塔里木农垦大学学报（2）：42-45.

宣杏云，徐更生，2003. 国外农业社会化服务 [M]. 北京：中国人民大学出版社.

年虎，2005. 试论新形势下农业社会化技术服务体系在现代化农业生产中的地位和作用 [J]. 甘肃农业（12）：71-72.

西奥多·W. 舒尔茨，2006. 改造传统农业 [M]. 梁小民，译. 北京：商务印书馆.

申端锋，2007. 农民合作的想象与现实 [J]. 读书（9）：23-31.

刘涛，2008. 从历史逻辑看农民合作的现实可能 [J]. 中共四川省委党校学报（3）：97-100.

孔祥智，徐珍源，史冰清，2009. 当前我国农业社会化服务体系的现状、问题和对策研究 [J]. 江汉论坛（5）：13-18.

温琦，2009. 我国农业生产经营组织化：理论基础与实践方略 [D]. 成都：西南财经大学.

高万林，等，2010. 加快农业信息化建设 促进农业现代化发展 [J]. 农业现代化研究，31（3）：257-261.

孙国梁，赵邦宏，唐婷婷，2010. 农民对农业科技服务的需求意愿及其影响因素分析 [J]. 贵州农业科学，38（12）：217-220.

熊鹰，2010. 农户对农业社会化服务需求的实证分析：基于成都市 176 个样本农户的调查 [J]. 农村经济（3）：93-96.

李燕凌，2011. 农村科技服务与管理 [M]. 北京：高等教育出版社.

吕韬，陈俊红，2011. 发达国家现代农业服务体系建设对我国的启示 [J]. 广东农业科学，38（20）：175-180.

李春海，2011. 新型农业社会化服务体系框架及其运行机理 [J]. 改革（10）：79-84.

齐力，邓保国，2011. 农业信息化服务体系研究：基于广东农户需求的分析 [J]. 广东农业科学，38（1）：229-231.

赵光元，张文兵，张德元，2011. 中国农村基本经营制度的历史与逻辑：从家庭经营制、合作制、人民公社制到统分结合双层经营制的变迁轨迹与转换关联 [J]. 学术界（4）：221-229，289，271.

庄丽娟，贺梅英，张杰，2011. 农业生产性服务需求意愿及影响因素分析：以广东省 450 户荔枝生产者的调查为例 [J]. 中国农村经济（3）：70-78.

顾瑞兰，杜辉，2012. 美国、日本农业社会化服务体系的经验与启示 [J]. 世界农业（7）：7-10.

高志敏，彭梦春，2012. 发达国家农业社会化服务模式及中国新型农业社会化服务体系的发展思路［J］. 世界农业（12）：50-53，57.

孔祥智，楼栋，何安华，2012. 建立新型农业社会化服务体系：必要性、模式选择和对策建议［J］. 教学与研究（1）：39-46.

马晓青，等，2012. 信贷需求与融资渠道偏好影响因素的实证分析［J］. 中国农村经济（5）：65-76，84.

宋莉，靖飞，2012. 美国农业社会化服务现状及其对我国的启示［J］. 江苏农业科学，40（6）：10-11.

王迪，王进，钱中平，2012. 常州市农业社会化服务供需分析［J］. 中国集体经济（22）：6-7.

禤燕庆，等，2012. 农业社会化服务体系发展状况分析：来自全国农业社会化服务监测县的监测［J］. 农村经营管理（11）：18-20.

杨丹，2012. 农业分工和专业化能否引致农户的合作行为：基于西部5省20县农户数据的实证分析［J］. 农业技术经济（8）：56-64.

周晓强，2012. 以供应链金融助推农业产业化发展［J］. 中国金融（15）：36-37.

韩连贵，2013. 关于探讨农业产业化经营安全保障体系建设方略规程的思路［J］. 经济研究参考（3）：3-68.

鲁可荣，郭海霞，2013. 农户视角下的农业社会化服务需求意向及实际满足度比较［J］. 浙江农业学报，25（4）：890-896.

黎家远，2013. 统筹城乡背景下财政支持新型农业社会化服务体系面临的挑战及对策［J］. 农村经济（10）：59-61.

殷秀萍，王洋，郭翔宇，2013. 构建新型农业社会化服务体系的影响因素及解决对策［J］. 学术交流（5）：146-149.

高峰，赵密霞，2014. 美国、日本、法国农业社会化服务体系的比较［J］. 世界农业（4）：35-39.

坤燕昌，曾红岩，2014. 西部地区农业转型升级期农户信息需求与服务建设研究：以安宁河流域西昌市农户的调研为例［J］. 农业图书情报学刊，26（12）：170-174.

鲁可荣，周洁，2014. 农业生产组织对农业社会化服务需求意向及实际满足度分析：基于对浙江省178例农业生产组织的抽样调查［J］. 福建论坛（人文社会科学版）（3）：135-139.

李向阳，2014. 信息化对农业经济增长影响的回归分析［J］. 统计与决策

（4）：147-150.

云振宇，等，2014. 浅析我国农业社会化服务标准体系的构建与实施[J]. 农业现代化研究，35（6）：685-689.

杨爽，余国新，闫艳燕，2014. 发达国家农业社会化服务模式的经验借鉴[J]. 世界农业（6）：155-157.

周风涛，余国新，2014. 不同区域视角下的农业社会化服务供求分析：基于新疆784户农户的抽样调查[J]. 广东农业科学，41（22）：217-221.

蒋建科，2015-11-30（18）."互联网+农业"结出什么果？[N]. 人民日报.

罗宇凡，2015-12-16（7）. 开启中国互联网发展新时代[N]. 经济日报.

李俏，2015. 农业社会化服务体系研究[M]. 北京：科学文献出版社.

王钊，刘晗，曹峥林，2015. 农业社会化服务需求分析：基于重庆市191户农户的样本调查[J]. 农业技术经济（9）：17-26.

张小红，2015. 三明市气象为农服务现状和发展对策[J]. 福建农业科技（3）：75-78.

周成洋，（2015-08-10）[2021-03-05]."互联网+"绽放惊喜"克强经济学"愈见愈明[EB/OL]. http://politics.people.com.cn/n/2015/0810/c1001-27438033. html.

陈以博，等，2016. 地市级农业科研院所人才培养的实践和探索：以江苏里下河地区农业科学研究所为例[J]. 农业科技管理，35（1）：94-96.

胡轶楠，2016. 基于智能农业的测土配方施肥决策支持系统研究[D]. 长春：吉林大学.

蒋永穆，周宇晗，2016. 农业区域社会化服务供给：模式、评价与启示[J]. 学习与探索（1）：102-107.

罗小锋，向潇潇，李容容，2016. 种植大户最迫切需求的农业社会化服务是什么[J]. 农业技术经济（5）：4-12.

刘新智，2016. 农业发展新阶段农业生产社会化服务体系创新研究[M]. 北京：科学出版社.

刘宇鹏，赵慧峰，2016. 农业产业化机制创新提高农民收入的实证分析：以坝上地区为例[J]. 中国农业资源与区划，37（1）：73-79.

马化腾，2016. 关于以"互联网+"为驱动推进我国经济社会创新发展的建议[J]. 中国科技产业（3）：38-39.

吴秋菊，2016. 论农村双层经营体制的理论内涵与制度完善[D]. 武汉：华中科技大学.

王定祥，李虹，2016. 新型农业社会化服务体系的构建与配套政策研究[J]. 上海经济研究（6）：93-102.

王朗玲，2016. 加快转变农业发展方式的对策研究：以黑龙江省为例[J]. 知与行（2）：102-106.

夏蓓，蒋乃华，2016. 种粮大户农业社会化服务供给侧改革研究：基于扬州地区 264 个样本农户的调查[J]. 财会月刊（35）：66-70.

谢培秀，2016. 新常态下我国转变农业发展方式的思考[J]. 中州学刊（1）：36-42.

杨常伟，王奕，2016. 建设高校复合型协同创新农业科技服务体系研究[J]. 科技管理研究，36（22）：7-11，33.

于雅雯，余国新，2016. 农业信息社会化服务结构性失衡的影响因素分析：基于新疆 10 县 28 乡（镇）784 个农户的调查[J]. 中国农业资源与区划，37（12）：28-35.

郑学党，2016. 供给侧改革、互联网金融与农业产业化发展[J]. 河南社会科学，24（12）：1-7.

周广竹，李红平，2016. 城乡一体化下重庆农村信息化建设现状分析[J]. 农业经济（8）：51-53.

韩长赋，2017. 深入贯彻习近平"三农"思想 大力实施乡村振兴战略[J]. 吉林农业（24）：3-6.

刘威岩，2017. 乾安县农民玉米种子选择问题研究[D]. 长春：吉林农业大学.

陆倩，孙剑，向云，2017. 不同模式农民合作社形成的影响因素研究：基于农户生产过程特征视角的分析[J]. 中国农业大学学报，22（2）：169-177.

孙新华，2017. 村社主导、农民组织化与农业服务规模化：基于土地托管和联耕联种实践的分析[J]. 南京农业大学学报（社会科学版），17（6）：131-140，166.

尚旭东，崔小年，2017. 构建现代农业经营体系的组织创新实践：川省观察[J]. 农业部管理干部学院学报（4）：35-39.

邵科，于占海，2017. 农民合作社在促进产业精准脱贫中的功能机理、面临问题与政策建议[J]. 农村经济（7）：120-123.

唐继发，2017. 我国农民合作社商业模式研究[D]. 北京：中共中央党校.

夏蓓，蒋乃华，2017. 规模经营农户信贷服务的需求及供给状况分析：基于苏中地区的问卷调查[J]. 财会通讯（11）：27-30.

杨林森，2017. 化学除草剂对环境的影响及解决对策 [J]. 江西农业
（1）：66.

杨钧，2017. 新型城镇化与农业规模化和专业化的协调发展：基于 PVAR
方法的讨论 [J]. 财经科学（4）：65-76.

郭民，2018. 山东玉米施肥现状、问题及对策 [J]. 农业工程技术，38
（35）：80.

侯向阳，2018. 尊重市场经济规律 改革农业支持政策 [J]. 农业部管理干
部学院学报（1）：89-93.

刘颉颃，2018. 株洲市天元区乡镇农技站农技推广服务的农户满意度研究
[D]. 长沙：湖南农业大学.

李显刚，2018. 新型农业经营主体实践研究 [M]. 北京：中国农业出版社.

芦千文，文洪星，2018. 农业服务户分化与小农户衔接现代农业的路径设
计 [J]. 农林经济管理学报，17（6）：650-659.

蒋远胜，2018. 改革开放四十年中国农地制度变迁的成就、逻辑与方向
[J]. 农村经济（12）：8-11.

马晨，李瑾，2018. "互联网+" 时代我国现代农业服务业的新内涵、新
特征及动力机制研究 [J]. 科技管理研究，38（2）：196-202.

温铁军，2018. 生态文明与比较视野下的乡村振兴战略 [J]. 上海大学学
报（社会科学版），35（1）：1-10.

吴海峰，2018. 乡村产业兴旺的基本特征与实现路径研究 [J]. 中州学刊
（12）：35-40.

易小兰，张婷，李喜朋，2018. 江苏省粮食仓储物流设施建设现状、问题
与对策研究 [J]. 粮食科技与经济，43（1）：98-100.

杨煜岑，2018. 基于 Android 的猕猴桃施肥系统设计与实现 [D]. 西安：
西北大学.

杨自健，马红涛，杨自刚，2018. 宁夏金银滩镇现代农业社会化服务体系
建设试点成效 [J]. 农业工程技术，38（35）：1-2.

中共中央 国务院，（2018-02-04）. 关于实施乡村振兴战略的意见：2018 年
中央一号文件 [A]. http://www.gov.cn/zhengce/2018 - 02/04/content _5263807.
html.

赵晓峰，赵祥云，2018. 新型农业经营主体社会化服务能力建设与小农经
济的发展前景 [J]. 农业经济问题（4）：99-107.

张杨，程恩富，2018-04-23（13）. 壮大集体经济要处理好 "统" "分"

关系 [N]. 北京日报.

董勋凯, 2019. 智慧农业灌溉系统研究 [D]. 西安: 西安工程大学.

关杰, 2019. 乡村振兴视角下的广西新型农民技能培训模式优化研究 [D]. 南宁: 广西大学.

韩俊, 2019. 在全国农业社会化服务工作现场推进会上的讲话 [J]. 中国农民合作社 (11): 8-15.

胡日查, 2019. 新形势下农业气象服务存在的问题及对策 [J]. 现代农业科技 (10): 169, 174.

姜长云, 2019. 龙头企业的引领和中坚作用不可替代 [J]. 农业经济与管理 (6): 24-27.

江泽林, 2019. 把握新时代农业机械化的基本特性 [J]. 农业经济问题 (11): 4-14.

赖柄范, 2019. 乡村振兴背景下影响农村产业发展的因素及对策研究 [J]. 农村经济与科技, 30 (1): 15-17.

李志远, 2019. 现代农业产业化的经营与管理: 评《农业经济管理》[J]. 中国食用菌, 38 (8): 24-25.

刘大鹏, 刘颖, 陈实, 2019. 土地流转、规模经营对农业社会化服务需求的影响分析: 基于江汉平原393个水稻种植大户的调查 [J]. 中国农业资源与区划, 40 (1): 170-176.

闵师, 等, 2019. 小农生产中的农业社会化服务需求: 来自百乡万户调查数据 [J]. 农林经济管理学报, 18 (6): 795-802.

祁坤, 2019. 当前农产品品牌培育的难点思考及对策分析 [J]. 农村经济与科技, 30 (24): 231-232.

沈剑波, 王应宽, 2019. 中国农业信息化水平评价指标体系研究 [J]. 农业工程学报, 35 (24): 162-172.

王洋, 许佳彬, 2019. 农户禀赋对农业技术服务需求的影响 [J]. 改革 (5): 114-125.

王丰阁, 2019-06-26 (10). 新型农业经营组织形式优化农业生产链 [N]. 贵州日报.

冀名峰, 2019. 加快发展农业生产性服务业的若干问题 [J]. 中国乡村发现 (1): 58-64.

杨丹, 刘自敏, 2019. 农民合作经济组织在农业社会化服务体系中的作用研究 [M]. 北京: 科学出版社.

易平辉, 2019. 国家级农业产业化龙头企业空间分布特征及其影响因素研究 [D]. 吉首: 吉首大学.

周振, 孔祥智, 2019. 新中国 70 年农业经营体制的历史变迁与政策启示 [J]. 管理世界, 35 (10): 24-38.

钟真, 2019. 社会化服务: 新时代中国特色农业现代化的关键: 基于理论与政策的梳理 [J]. 政治经济学评论, 10 (2): 92-109.

张桃林, 2019. 在 2019 年全国农业机械化工作会议上的讲话 (摘要) [J]. 中国农机化学报, 40 (3): 1-6.

朱礼好, 2019. 关注国家政策动向 改变企业营销策略 [J]. 当代农机 (10): 33.

朱鹏华, 刘学侠, 2019. 乡村振兴背景下的农民合作组织发展: 现实价值与策略选择 [J]. 改革 (10): 108-118.

陈瑞林, 林旭东, 陈英俊, 2020. 短时临近天气预报在农业气象服务中的实践 [J]. 现代农业研究, 26 (12): 113-114.

陈嘉祥, 2020. 我国欠发达地区农业产业化的减贫效应: 基于 15 个省份面板数据的空间计量分析 [J]. 山西财经大学学报, 42 (10): 52-68.

崔凯, 冯献, 2020. 我国农业农村信息化的阶段性特征与趋势研判 [J]. 改革 (6): 125-135.

陈祖星, 2020. 基于 Android 平台的林木阶段性精准施肥系统设计与研究 [D]. 北京: 北京林业大学.

何欣毅, 2020. 新沂市气象为农服务发展现状与对策研究 [D]. 南京: 南京信息工程大学.

扈映, 2020. 新型农村双层经营体制: 主要特征及实现机制 [J]. 治理研究, 36 (1): 114-120.

韩庆龄, 2020. 村社统筹: 小农户与现代农业有机衔接的组织机制 [J]. 南京农业大学学报 (社会科学版), 20 (3): 34-43.

孔祥智, 等, 2020. 新型农业社会化服务体系建设 [M]. 北京: 经济管理出版社.

李建广, 王威, 邱耀洲, 2020.14 个关键词速读五中全会公报 [J]. 理论导报 (10): 10-11, 18.

李佳雯, 2020. 互联网金融有效支持黑龙江省农村金融发展问题研究 [D]. 哈尔滨: 中共黑龙江省委党校.

马小龙, 2020. 双向嵌入: 小农户和农业社会化服务体系有机融合的新视角［J］．农业经济（1）：6-8．

宁云，刘博，郭建英，2020．当前国家级农业科研机构青年科技人才队伍建设思考［J］．农业科技管理，39（4）：76-79．

屠振华，于芳，温凯，2020．中国农业产业化龙头企业创新发展现状及前景［J］．农业展望，16（9）：68-73，78．

王晏东，2020．新形势下农业气象服务工作现状及改进对策［J］．科技风（15）：149，179．

杨涛，2020．乡村振兴战略视域下的我国农业现代化问题研究［D］．延安：延安大学．

张启邦，2020．农田水利灌溉管理存在的问题及对策［J］．长江技术经济，4（S2）：77-78．

张雯慧，2020．山东省农业社会化服务对农业产业结构的影响研究［D］．淄博：山东理工大学．

张骥，2020．农业灌溉系统的分类与趋势［J］．农机市场（6）：23-24．

侯东毅，2021．论农业保险发展中存在的问题与对策［J］．老字号品牌营销（2）：57-58．

李谷成，2021．高素质农民新概念与农村双层经营体制新内涵［J］．理论探索（1）：5-11．

全全，2021-1-5（6）．民革绥化市委会 构建农产品质量安全追溯体系［N］．团结报．

杨林，李峥，2021．乡村振兴背景下农民专业合作社经营能力评价与提升路径研究：基于26个省份面板数据的实证研究［J］．山东大学学报（哲学社会科学版）（1）：152-166．

周广竹，2021．新型农业经营主体的发展困境与调适策略［J］．农业经济（5）：17-18．

张天佐，2021．加快构建现代农业产业组织体系的思考［J］．农村工作通讯（1）：31-33．

钟丽娜，吴惠芳，梁栋，2021．集体统筹：小农户与现代农业有机衔接的组织化路径：黑龙江省K村村集体土地规模经营实践的启示［J］．南京农业大学学报（社会科学版），21（2）：126-135．

LOCH D S, BOYCE K G, 2003. Balancing public and private sector roles in an effective seed supply system［J］. Field Crops Research：84.